www.tredition.de

AF198080

# RALPH PUSCH

\*\*\*

# EINE LANZE FÜR DEN HOKUSPOKUS

Biblische Figuren im 21. Jahrhundert

www.tredition.de

© 2019 Ralph Pusch

Verlag und Druck: tredition GmbH, Hamburg

ISBN
Paperback:     978-3-7482-4587-2
e-Book:        978-3-7482-4588-9

# *Zu Beginn*

Ist's Ihnen aufgefallen, werte Leser? Bestimmt. Der Untertitel. Biblische Figuren im 21. Jahrhundert – wie soll das gehen? Beim ersten Nachdenken wird klar: Im 21. Jahrhundert gibt's keine biblischen Figuren. Es sei denn, man würde sie dorthin beamen, aber dies ist kein Science Fiction. Vielmehr versuche ich in diesem kleinen Buch, Figuren der Bibel mit den Denkprozessen und Empfindungen nachzuzeichnen, die ich selbst als Mensch des 21. Jahrhunderts denke und fühle. Der Ansatz ist also ein recht einfacher: Ich stelle mir die biblischen Figuren als Mitmenschen unserer Tage vor, deren Handeln und Reden ich mit den Mechanismen befrage, die ich von mir selbst und anderen kenne.

Dabei ist es dann nicht schlimm, dass ich nur Schmalspurtheologe bin, denn dies ist kein theologisches Fachbuch. Dagegen bin ich Experte für das Leben im 21. Jahrhundert. Und dieses Buch ist vor allem ein Protest gegen die Langeweile und Fremdheit, die mich so oft überkam und überkommt, wenn mir biblische Geschichten erzählt oder vorgelesen wurden und mich nicht erreichten – so platt und fremd, manchmal moralisierend. Brauche ich nicht. Braucht unsere Gesellschaft nicht, könnte man meinen. Vorschnell? Egal, für mich sind manche Geschichten nicht mehr die richtigen. Tausendmal berührt, tausendmal ist nichts passiert. Und passiert auch nicht mehr. Oder?

Würde es helfen, sich mehr mit den Hintergründen zu beschäftigen? Ich weiß natürlich, dass die biblischen Texte „geworden" sind. Sie sind nicht vom Himmel gefallen, ich ahne, dass die Verfasser auch ihre Interessen hatten, jedoch will ich dies hier nicht berücksichtigen, will stattdessen die Texte nehmen wie sie sind. Mit diesem Zugang setze ich mich freilich dem Vorwurf der „Eisegese" aus, des „Hineinlegens" neuzeitlicher Gedanken in alte Texte. Aber das Risiko muss ich eingehen. Sie werden merken: Die Motive und Strukturen, die ich in den Texten entdecke, sind nur allzu menschliche. Ich versuche die biblischen Figuren als menschliche, menschelnde Menschen ernst zu nehmen. Urteilen Sie selbst, ob es wirklich so weit weg ist von dem, was die Menschen damals empfunden haben *müssen*. Den Texten in solch einer Art zweiter Naivität zu begegnen ist für mich ein zu einem erfrischenden Zugang geworden. Und wer sagt denn, dass nicht Gott selbst das eine oder andere Mal kopfschüttelnd auf die Wirren der Protagonisten und die Mühen der Autoren hinabblickte, unter deren Irrwegen er selbst litt und deren Geschriebsel er nur mit einem abgründigen Humor ertrug. Alles andere hätte ihn schier um den Verstand bringen müssen. Und so mag denn dieses Kopfschütteln über den Texten die einzige Art sein, ihnen gerecht zu werden.

Ein Satz noch zum ungewöhnlichen Titel. Viele junge Menschen kennen den Ausdruck „für jemanden/etwas eine Lanze brechen" gar nicht mehr. Was ist also gemeint? Nun, zum einen sehe ich in einer kleinen biblischen Episode, in der Jesus das Handeln eines zwielichtigen Typen, das man leicht als „Hokuspokus"abqualifizieren könnte, eben nicht verurteilt, sondern sagt: „Lasst ihn machen", wie Jesus damit (und nicht nur hier) „eine Lanze für den Hokuspokus" bricht. Und zum zweiten möchte auch ich mit den Gedanken dieses Buches eine Lanze brechen. Für den Mut zu unkonventionellen Zugängen zu biblischen Texten. Für kreative und experimentelle Versuche, sich biblischen Figuren zu nähern. Dabei kann nichts garantiert werden. Es mag von außen wie ein Hokuspokus erscheinen, aber vielleicht begegnet mancher so diesen Figuren in ganz neuer, existentieller Tiefe.

Zum Schluss ein Dank an Wolfgang Vorländer, Armin Kistenbrügge und Dr. Bernhard Kleibrink für ihre Rückmeldungen und an meine Krankenversicherung, die mir in der Zeit der ersten Chemotherapie das Krankengeld zahlte, so dass ich hier warm saß und tippen konnte. Den Impuls zu dem Buch gaben meine Frau und meine Schwester, die beide sagten: „Ralph, nun schreib doch mal, du kannst so schön schreiben" (ob sie wussten, wo es hingehen würde, bezweifle ich, ihnen standen eher romantische Gedichte und Meditationen vor Augen). Ich widme dieses Buch all den Menschen, die mich auf meinem Weg des Zweifelns und Hinguckens begleiten.

Besonders dankbar bin ich dabei meiner geliebten Frau Anette.

## *Noah*

Zu der Figur des Noah kann einem allerhand einfallen. Oder auch nicht. Und vielleicht ist gerade das auffällig, dass wir uns so leicht vom biblischen Text einlullen lassen. Ja, einlullen. Als Zentrum meines Ausblicks wähle ich den Moment, als der gute Mann aus der Arche steigt. Viele Wochen Regen, der Kahn schippert durch die Gegend, setzt dann knirschend irgendwo am Ararat in der Türkei auf, das Wasser läuft ab. Noah steigt aus. Was sieht der Mann da? Als Kind haben mir meine Eltern aus der Kinderbibel des holländischen Autors Anne de Vries vorgelesen. Und als ich lesen konnte, habe ich die Geschichten auch selber gelesen: Es begann schon wieder zu grünen, die Tiere sprangen fröhlich ins Feld. So ungefähr. Als Kind kann man sich das prima vorstellen. Mittlerweile wohne ich im Oberbergischen, zwischen Köln und Siegen. Das ist die Ecke, die auf den Wetterkarten im Diercke-Schulatlas immer dunkellila eingefärbt war. Da regnet es öfter. Sehr öfter. Und als ich die biblische Geschichte erzählt bekam, konnte ich mir gut vorstellen, was Noah empfunden haben musste, als er nach der langen Zeit aus seinem muffigen Pott kam: endlich frische Luft, wann wird's mal wieder richtig Sommer? Guck mal, da, erste grüne Pflänzchen...

Doch das ist natürlich totaler Kitsch. Als Noah mit wuchtigen Schlägen die Planken weghämmerte, offenbarte sich ihm ein Bild des Grauens. Woher ich das weiß? Ich weiß es gar nicht. Aber, werte Leser, googeln Sie einfach mal nach Bildern von Flutkatastrophen, Sie werden schon sehen... Es war eine zähe, schlammig braune Masse, Geröll, versickernde Pfützen unter dräuend blaugrauem Himmel, verendete Ziegen und Schafe, halb mit Schlick bedeckt, Reste eines Gehöftes, Balken zwischen grauen Felsen, vielleicht in der Nähe im Geäst eines Strauches auch Leichen von Männern, Frauen, Kindern, die irgendwie dem Wasser zu entkommen suchten, in purer Verzweiflung auf irgendetwas geklettert waren, was erhöht war und vielleicht Rettung verhieß. Stille.

Als Noah aus der Arche trat, muss sich ihm ein Bild geboten haben, das ihn zutiefst erschüttern musste. Alles weg. All die Menschen, Geschichten. Und sein Kahn, hilflos ins Nirgendwo getrieben, gestrandet. Seit Ende des zwanzigsten Jahrhunderts werden Bilder des Grauens über das Fernsehen in die ganze Welt übertragen. (In dem wundervollen Film *„Weiter als der Mond"* werden die Kinder einer Familie im Holland der 60er Jahre beim erstmaligen Einschalten des neuen Fernsehgerätes mit Bildern verhungernder Kinder in Äthiopien konfrontiert und reagieren hilflos: *„Es gibt auch Zeichentrickfilme!"*) Und heute sehen wir Bilder des Grauens im Minutentakt. Wie reagieren wir darauf?

Noah muss eigentlich erschüttert gewesen sein, schwer traumatisiert. Die biblische Geschichte versucht uns mit einer Dichotomisierung zu helfen: Zur Zeit Noahs waren die Menschen sehr böse. Alle böse,

Noah gut. Das lässt sich denken. Ob und wie gut Noah war, dazu später mehr, aber egal, die biblische Geschichte verführt uns zu einem Verdienstdenken: *„Jou, die Bösen sin alle dout."* Die haben das auch verdient, schade ist's nicht um die. Doch wie erging es Noah? War er auch froh, dass Nachbarn und Bekannte, Verwandte (Hatte er Brüder und Schwestern?) alle tot waren? Dann müsste man ihn sich als emotionalen Krüppel vorstellen, als sozialen Autisten, dem der Rückzug auf die eigene kleine Welt gut gefiel und dem das Verschwinden einer ganzen Kultur nichts ausmachte. Keine leichte Vorstellung. Der Musiker Sting schreibt es entschuldigend im Kommentar zu dem faszinierenden Song *„When the world is running down, you make the best of what's still around"* (fast zwölf Minuten, dazu müssen Sie mal tanzen, dann sparen Sie sich auf den Crosstrainer zu gehen; ich übersetze frei:) *„Welch Eitelkeit, sich sich selbst als den einzigen Überlebenden eines Holocaust vorzustellen, ... und alle Lieblingsdinge noch intakt. - Ich war halt jung."* Recht hat er. Welch eine Hybris und Arroganz! Die Welt geht vor die Hunde, aber wir machen fröhlich weiter *„unser Ding"*. Dagegen helfen nur die zynischen Texte von Godley und Creme auf der Platte *„Goodbye Blue Sky"*, auf der sie Weltuntergang und Nuklearkatastrophe mit fröhlicher Mundharmonika kombinieren. *„I'm gonna be famous. No! I'm gonna be rich! No, no! You're gonna be one dead son-of-a-bitch!"* Amen.

Doch zurück zu Noah. Wenn er denn halbwegs normal war, so normal wie Sie oder ich, dann musste ihn der Anblick schwer treffen. Wie sollte er das alles wahrnehmen, aushalten? Alles kaputt. Alles weg. Noah muss schwer traumatisiert gewesen sein, der Bezugsrahmen seiner sozialen und beruflichen Existenz war verschwunden, alles weg. Reduziert auf Frau, Söhne, Schwiegertöchter. (Übrigens wussten Sie, dass in der Vorstellung des Mittelalters mit dem T-Schema der Erde und den 3 Kontinenten deren Besiedelung eben auf die drei Söhne Noahs zurückgeht? Jeder Sohn wurde der Stammvater - Frauen wie so oft namenlos, schmückendes Beiwerk - einer kontinentalen Völkerfamilie, z.B. Sem für die semitischen Völker in Asien). Aber Sie und ich, wir haben Nachbarn, Kollegen, Freunde, Handelspartner, Frisöre, Tankstellenkassiererinnen und so weiter. Alle weg. Dort im Matsch noch eine Sandale. Ohne Besitzer. Wer den biblischen Bericht soweit ernst nimmt, muss sich Noah als einen schwer traumatisierten Menschen vorstellen. Damit sind wir freilich schon lange nicht mehr bei Anne de Vries' Kinderbibel.

Ich bin kein Traumaforscher, aber vermute, dass in einer solchen Situation der Körper und die Seele Zuflucht zu ganz alten, archaischen Strukturen nehmen, die der Mensch im Laufe seiner Lebensgeschichte (oder vielleicht sogar Gattungsgeschichte?) erworben hat. Und genau das scheint bei Noah auch zu passieren. Das traumatische Erlebnis, die Bilder der Verwüstung überfordern seine matte Seele. Es ist nicht auszuhalten, muss verdrängt werden. Und was tut Noah? Der biblische Text berichtet von einer dreigeteilten Verdrängungsreaktion. Man kann es freilich auch anders sehen und Noah als Helden stilisieren, aber eigentlich geht das im einundzwanzigsten Jahrhundert nicht mehr. Dazu sind wir denn doch von Idealvorstellungen geprägt, in denen (auch) Männer ihre Gefühle wahrnehmen und aussprechen.

Doch Noah lebte früher. Und Noah verdrängte. Verstehen Sie mich richtig, es steht mir überhaupt nicht an, das zu werten oder gar zu verurteilen. Aber aus der Sicht des einundzwanzigsten Jahrhunderts kann ich nur konstatieren: er ist überfordert, er muss das schreckliche Erlebnis verdrängen.

Zuerst äußert sich das Verdrängen in einer unangemessenen Religiosität. Noah baut einen Altar und dankt für die Rettung. Als Kind schien mir das durchaus logisch. Alle tot, Noah und seine Familie haben überlebt. Aber heute? Der Schriftsteller Eli Wiesel lässt in seiner Erzählung *„Der Prozess von Schamgorod"* den einzigen Überlebenden eines Pogroms sagen, dass das Überleben für ihn kein Grund zur Dankbarkeit gegen Gott sei, sondern ein Zeichen der Grausamkeit Gottes. Alle weg. Alle tot, außer ihm. Keine Gnade, sondern Hohn Gottes. Wie mag es für Noah gewesen sein? Vermutlich war er dankbar, der Flut entkommen zu sein. Aber ein Altar und ein Dankopfer? Zwischen den toten Ziegen im Morast? Hätte er nicht schreien müssen? Oder schweigen? Oder alles zusammen. Für mich – und Sie können das gerne anders sehen, liebe Leser – ist dieses Dankopfer ein erster Ausdruck der Verdrängung eines höchst traumatischen Ereignisses. Eines Ereignisses, so schrecklich, dass es verdrängt werden musste. Bilder beim Gang aus der Arche, die man nicht aushalten konnte.

Und Noah nimmt Zuflucht zu einem Ritual, das er von seinen Vorfahren gelernt hatte: dem Brandopfer. (Ich verzichte hier auf hämische Fragen, welche Tiere er denn opferte, vermutlich solche, die sich in der Arche über die Maßen vermehrt hatten oder halt... ja, ja, die Dinosaurier, ach, was weiß ich...). In dumpfem Schmerz tut er, was alle tun, wenn sie von Kummer und Grauen überwältigt werden: Opfer an die grausamen Götter, die wild um sich schlagend, schicksalsmäßig bald tausende umbringen und den einen verschonen. Wer will ihm das verübeln? Ich nicht. Aber dieses Dankopfer ist kein versöhntes, reflektiertes Danken, das den Schmerz miteinschließt. Sondern ein betäubtes und betäubendes Stammeln. Alles andere wäre auch komisch und vielleicht zu viel verlangt. (Liebe Leser, da kann ich derzeit ein Lied von singen, ich kriege es halbwegs hin, für meinen Körper dankbar zu sein, jedoch nicht für die Krebserkrankung. Das wäre denn doch zu viel.)

Der zweite Ausdruck der Verdrängung ist für mich, dass Noah einfach wieder Ackerbau betreibt. Die Bibel erzählt, er baute Wein an. Es muss ja weitergehen. Immer weiter. Für wen? Wozu? Egal, es muss. Und es ist ja auch etwas dran, in Zeiten der übermächtigen Verzweiflung Zuflucht zu nehmen bei dem gleichmäßigen Ratschen des Pflugs, dem Graben, der Wanderung mit den letzten (und ersten) beiden Schafen. Wie gesagt, kein Urteil über Noah, steht mir nicht zu.

Und schließlich wird der Wein geerntet, gekeltert und Noah lässt sich mit dem Wein zulaufen, betrinkt sich richtig. In diesem rauschhaften Handeln versucht er den Schmerz zu betäuben. Er hat Wein gekeltert, doch mit wem soll er ihn trinken? Mit wem soll er Handel betreiben, um für sein Produkt einen Erlös zu erzielen? Könnte es nicht sein, dass er die Bilder der Flutkatastrophe längst vergessen hatte? Nein, er wollte die Bilder vergessen, doch vermutlich waren sie wie bei vielen (allen?) traumatisierten Menschen tief in sein Gehirn eingebrannt. Er wollte andere Bilder dagegensetzen, den Schlamm und die braune Soße in tiefere Schichten abdrängen, doch nachts, wenn alles still war, kamen sie immer wieder hoch.

Kurz anfügen will ich aus heutiger Sicht vielleicht auch noch, dass Noah natürlich laut dem Bibeltext nicht mit seiner Frau über seinen Schmerz redet. Das mag für die biblischen Autoren völlig okay sein, nur darf es eben heute nicht dazu führen, alles wie zu biblischen Zeiten zu machen. Die Stummheit der biblischen Helden heute zu wiederholen, wäre eine anachronistische Dummheit.

Diese Mechanismen der Verdrängung, das religiöse Ritual, die Flucht in die Arbeit, in die Normalität und der Rausch sind also schon alt, uralt. Und deswegen kann ich auch nur demütig feststellen, dass sogar der Urvater Noah es nicht anders hingekriegt hatte, ein müdes, trauriges Eingeständnis.

Traurig, weil eben die Bibel erzählt, dass diese Verdrängung des Schmerzes weiteres Elend erzeugt. Die Geschichte nimmt den erstaunlichen Fortgang dahingehend, dass Noah im Suff nackt auf der Erde liegt. Und der Anblick des nackten Vaters überfordert den Sohn Ham. Natürlich kommt auch hier dazu, dass in frühen Gesellschaften der Anblick der Scham tabu war. Irritiert erzählt Ham das seinen Brüdern, die rückwärtsgehend einen Mantel über Noah breiten, nur um ihn nicht nackt sehen zu müssen. Und als Noah seinen Rausch ausgeschlafen hat und davon erfährt, dass Ham ihn nackt gesehen hat – im Luther-Original *„bloß"*, wie im Kirchenlied *„...er liegt dort elend, nackt und bloß in einem Krippelein...."*, – da verflucht Noah seinen eigenen Sohn Ham und generiert eine Herrschaftsordnung: die Söhne Sem und Japhet als Herren, Ham als Diener. Dass die Israeliten dann Ham mit Kanaan identifizierten und der Bruderzwist zwischen Israeliten und Palästinensern vorprogrammiert war, damit einen prominenten Vorläufer hatte, die Israeliten Sem und Japhet als Herren, der kanaanäische Palästinenser Ham als Knecht, das lässt einen schon nachdenklich werden. Danke, Noah, das brauchten wir gerade noch! Dass du deine eigene Überforderung nicht aussprechen konntest, dass du den Schmerz verdrängtest und nachher den eigenen Sohn mit seinen

Brüdern entfremdest – welch segensreiches Handeln, du Glaubensheld! Hier scheint sich eine Unheilslinie durchzuziehen, vom traumatisierten Noah über die vielen Ham-Schicksale (Afrika ist der Erdteil Hams) der Sklaverei früherer Jahrhunderte bis hin zu den Palästinensern und den modernen Sklaven Afrikas. Der traumatisierte Vater versorgt seinen Sohn mit einer traumatischen Erfahrung. Wie das wohl Flüchtlinge aus Syrien heute erleben werden?

So ist es also mit dem Verdrängen Noahs bei weitem nicht getan. Es ist nicht so, dass das nur ihn etwas anginge, eine Sache zwischen Gott und Mensch, sondern der Schmerz, die Wut, die Noah heruntergeschluckt und weggebetet hat, die er totgeopfert hat, fortgearbeitet und ersoffen, dieser Schmerz ließ ihn hart und ungnädig und verständnislos seinen Sohn verfluchen. Und von diesem Tun geht weiteres Unheil aus. Die Bibel – deren Autoren ja deutlich nicht aus dem 21. Jahrhundert stammten – kann den Bericht dann sachlich schließen, dass Noah 950 Jahre alt wurde, davon 350 Jahre nach der Flut. 350 Jahre Wut auf Ham. Aber das interessierte die Autoren nicht.

Leider ist aus der Geschichte des Glaubenshelden Noah eine ziemliche Tragödie geworden, die Tragödie des verdrängenden Menschen, um nicht zu sagen, des verdrängenden Mannes. Allerdings steckt mitten in der Geschichte noch ein kleiner Funke der Hoffnung, den die biblischen Autoren vielleicht gar nicht so gesehen haben, den ich aber für mich entdeckt habe.

Es beginnt damit, dass der Text plötzlich eine Sinneserfahrung Gottes schildert. Gott riecht das nette Opfer. Und „spricht in seinem Herzen". Hier sehe ich den Aufgalopp zu einem hilfreichen und heilsamen Selbstgespräch Gottes. Denn – und davon berichtet die Bibel auch – Gott selbst musste ob der Entwicklung dieses Menschengeschlechtes arg traumatisiert sein. Da war eigentlich alles ganz gut angelegt, Garten Eden, lecker Obst, und dann lief das Ganze völlig aus dem Ruder. Gott hatte Kummer. So schrieben die biblischen Autoren. Und Gott ließ sich von seinem Kummer in den Zorn führen und in die Katastrophe. Diese Flutkatastrophe musste Gott als persönliche Katastrophe, als Niederlage seiner Kreativität verstehen. Welch Gegensatz zu den Kommentaren nach den Schöpfungstagen, als doch alles „sehr gut" war. Von der Schulnote „eins mit Sternchen" hin zur glatten „sechs" – die Bosheit war groß auf Erden.

Und nun riecht Gott also den lieblichen Geruch des Opfers. Vielleicht ist dies auch ein Hinweis, dass Gott selbst hier vermittels einer Sinneserfahrung auf den Trichter kommt, nämlich seine ambivalenten Gefühle auszudrücken. In einer Situation der Enttäuschung „erdet sich" (wie modern!) Gott, indem er sinnlich wahrnimmt.

Und dann drückt Gott aus, was er empfindet. Und das ist sehr widersprüchlich. Mitten in den positiven Doppelsatz des *„Ich will nicht mehr verfluchen..."* und des *„Ich will nicht mehr schlagen alles, was da*

*lebt"* ist eine völlig desillusionierte Begründung ge-
zwängt, die zynisch depressiv die Verzweiflung auf-
nimmt, die Gott zu der Flutkatastrophe bewogen haben mag: *„denn das Dichten und Trachten des
menschlichen Herzens ist böse von Jugend auf."* Na,
bravo. Habe ich als Lehrer auch schon erfahren.

Da scheint mitten im Herzen der Hoffnung, der Zusage, ein Kern der Trauer, der Resignation zu schlum-
mern. Rein logisch hat Gott ja Recht. Wenn es so um
des Menschen Herz bestellt ist, dann sollte das nicht
die Begründung sein, wieder alles zu Klump zu hauen.
Denn sonst könnte man beim Vernichten bleiben.
Nein, dies ist nicht der Weg. Sagt Gott in leisem
Selbstgespräch, während das Dino-Fett über die hei-
ßen Steine zischt.

Und das ist jetzt doch erstaunlich und vorbildlich.
Dass Gott ein Selbstgespräch führt, in dem beides
Platz hat: das ermutigende *„Ich will nicht mehr vernichten"* und das frustrierte *„böse von Jugend auf"*.
Gott hat sich offensichtlich vorgenommen, sich an
diesem Menschengeschlecht kein Magengeschwür zu
holen. Nicht nur, dass er nicht mehr draufschlagen
will, er ist auch fähig, die Ambivalenz der menschlichen Existenz zu fühlen und auszusprechen. Chapeau!

Ob diese Selbstkompetenz dem Noah noch irgendwann zugeflogen ist, lässt die Geschichte natürlich of-
fen. Zu wünschen wäre es ihm, wie es uns zu wünschen ist. Wissen Sie, anders kann auch ich nicht mit
der Enttäuschung meiner Krebserkrankung umgehen,

es klagen und trotzdem glauben, zweifeln und hoffen, hoffen und zweifeln.

# Noah

# Brüder und Ehefrauen – Konkurrenz und Unvermögen

Zuerst war ich unsicher, ob ich diese Geschichten nicht ganz vorne einsortieren sollte, weil das erste Brüderpaar Kain und Abel sind, die ja vor Noah erwähnt werden, aber hier soll der Bogen etwas weiter gespannt werden und auch der Zwist – ja soll man es „Zwist" nennen? – zwischen Sem, Ham und Japhet aufgenommen werden.

Der Konflikt zwischen Kain und Abel, bei dem es dem einen gelingt, mit dem Opfer entsprechend seiner Hirtentätigkeit Gott ein wohlgefälliges Opfer darzubringen, während der andere dabei mit dem Opfer seiner Feldfrucht versagt, wurde in meiner Kinderbibel so dargestellt, dass der Rauch von Abels Schafopfer direkt zum Himmel aufstieg, während der Rauch von Kains Gemüseopfer ziellos nach rechts oder links waberte. Das ist natürlich reichlich dürftig als Erklärung. Manche versuchen, die Ungleichheit, ja, um nicht zu sagen, die Ungerechtigkeit Gottes damit zu erklären, dass Abel das Opfer von den „Erstlingen" der Schafe darbrachte, was bei Kain nicht erwähnt wird. Man könnte sich dann Abel als aufmerksamen Sohn vorstellen, der sofort das erste Lämmlein opfert und Kain als schnarchnasigen, drögen Typen, der erst, als der Bruder davon erzählt, denkt: *„Jou, könnte ich ja auch mal machen"*, so halbherzig, wie er nun mal war.

Aber vielleicht machen wir es uns da etwas zu einfach, um einerseits Gott aus dem Dilemma zu holen, dass man ihm ja schlecht vorwerfen kann, durch den gnädigen Blick auf das eine und den ungnädigen Blick auf das andere Opfer den Anlass zum Brudermord zu liefern.

Doch so leicht dürfen wir Gott und auch den alten Herrn der beiden nicht entkommen lassen. Zum einen scheint hier nicht nur die Dramatik durchzuscheinen, dass Gott auf das Bemühen des einen Menschen gnädig reagiert und auf das des anderen nicht, sondern die Frage, warum es dem einen gelingt, die Liebe des (himmlischen) Vaters zu erringen, während der andere darin versagt. Und dies ist bestimmt ein Thema, das immer wieder aktuell ist.

Fest scheint zu stehen, dass die Unterschiede in der religiösen Kompetenz oder vielleicht gar der Lebenskompetenz in dieser Geschichte nicht erklärt werden. Hierin werden die beiden Brüder aber auch von Adam herzlich allein gelassen. Wie hat er ihnen denn erklärt, wie Opfer darzubringen wären? Wie kann man denn überhaupt Gott-gefällig opfern? Wie macht man das? Worauf muss man da achten? Von wem sollten sie es gelernt haben, wenn nicht von Adam? Wie geht Religion? Und wenn er es ihnen nicht vorgemacht hat und es stattdessen ein urmenschlicher Impuls ist, dem mächtigen, urgewaltigen Gott zu opfern, wieso hat dieser Gott dann dem einen Menschen den richtigen Impuls gegeben, dem anderen nicht?

Die biblische Geschichte befriedigt mich hier kaum. Denn einerseits redet Gott selbst noch mit Kain, dem er dessen Frustration ansieht, dem er aber andererseits auch keinen Tipp gibt, außer dem, die Sache mit dem Opfer doch einfach zu vergessen, denn offensichtlich geht es diesem Gott gar nicht um Opfer. Das Ganze erweist sich aus Gottes Sicht als einzig und allein eine Probe für Kain, Triebkontrolle zu lernen. Das mag für das religiöse Problem ganz interessant sein – offensichtlich ist es dem Gott der Bibel in dieser Hinsicht egal, wie das Opfer geschieht, wie man mit Ungleichheiten umgeht, interessant ist nur die Reaktion auf die Unterschiede. Also Ethik vor Dogmatik. Wie geht Kain mit seiner Aggression um? Kain ist halt nicht fromm, die Sünde lauert vor seiner Tür, doch statt über sie zu herrschen, den Trieb zu kontrollieren, lässt er sich „übermannen" und tötet seinen Bruder. Und Gott sagt's ihm auch noch. Und Schuld ist er auch selber, er ist halt nicht fromm. *„Verlogener Haufen!"* möchte ich schreien. Denn dem armen Mann wird hier wenig Hilfe zuteil. Hier wird die Geschichte zu einer Kapitulation der Pädagogik. Schon am Anfang der Bibel kriegen es die Menschen nicht hin, ihre Kinder zum Frieden und zur erfolgreichen Religion zu erziehen. Und es bleibt ein stummer Vorwurf im Raum. Wieso, Gott? Und hättest du nicht der Sünde gebieten können, bitteschön anderswo herumzulungern, und nicht vor Kains Tür? Wie mächtig oder ohnmächtig bist du, Gott? Warum müssen Menschen, die damit überfordert sind, diese Versuchung aushalten?

Bei den Söhnen Noahs ist's ähnlich problematisch. Hinzu kommt hier noch eine Geschwister-Konstellation, in der sich zwei gegen einen verbünden, hier Sem und Japhet gegen Ham. Das Dilemma des Ham ist im vorigen Kapitel schon beschrieben, hier nur die Anmerkung, dass wie bei Adams Söhnen keine Hilfestellung erwähnt wird, wie denn mit der plötzlichen Nacktheit des Vaters umgegangen werden sollte. Freilich könnte man dem Ham Spaß und Belustigung über die Nacktheit und den Suff des Vaters als Motiv dafür, es den Brüdern zu sagen, unterstellen, aber das ist Spekulation. Außerdem petzten wohl Sem und Japhet bei Noah, was ihm denn sein jüngster Sohn „angetan hätte", auch nicht die feine Art.

In dieses Bild scheint eine weitere Geschichte zu passen, nämlich die von den Lieblingen. Auch Abrahams Frau Sarah und die Magd Hagar konkurrieren um die Liebe Abrahams (wenn es denn erlaubt ist, in diesem kulturellen Kontext von „Liebe" zu sprechen, die „Liebesheirat" ist ja eine Erfindung des … ja, ja, soundsovielten Jahrhunderts). In der Geschichte der Söhne von Sarah und Hagar, die als Stammväter der Israeliten und Kanaanäer gelten, setzt sich diese Konkurrenz fort, wie auch in der Geschichte der konkurrierenden Brüder Jakob und Esau (heute vielen nur aus Kreuzworträtseln zum Thema „Linsengericht" bekannt) und der weiteren Geschichte Jakobs, der sich in Rahel verliebt und dem zuerst die Schwester Lea in der Brautnacht angedreht wird und der dann nach der Lea auch noch die beiden Mägde „erbt" und mit allen vieren Kinder, ja auch wieder Söhne zeugt, unter denen er dann Joseph bevorzugt, weil dieser ein Kind seiner Lieblingsfrau Rahel ist. Hilfe! Alles voll von Bevorzugung und Konkurrenz. Die aber kaum so benannt werden. Und wenn doch, dann werden immer Gründe angegeben, die mir als Kind auch verständlich schienen. Lea zum Beispiel werden „Augen ohne Glanz" attestiert. Kein Wunder, dass der Jakob die Rahel lieber mochte. Aber leider wird uns keine Hilfestellung gegeben, wie wir mit den Unterschieden umgehen könnten.

In den ganzen Familiengeschichten der Genesis scheint sich dieses Motiv durchzuziehen, die Konkurrenz zwischen Brüdern oder Frauen in dieser archaischen Gesellschaft. Vielleicht spiegeln sie einfach die Lebenserfahrungen der Menschen in jenen Zeiten. In der patriarchalischen Welt der Bibel gibt es das dann zwischen Brüdern oder Haupt- und Nebenfrauen, die Konkurrenz zwischen Schwestern wird uns dann im Märchen nachgeliefert, wenn die (Stief-) Schwestern miteinander um die Liebe des Vaters konkurrieren.

Als ich gerade als Pastor begonnen hatte und nach einem meiner ersten Gottesdienste draußen vor der Kirche Söhne von Gottesdienstbesuchern sah, die mit Stöcken fröhlich kämpften, sagte mein Freund Matthias Mascher: *„Die müssen erst alle durchs Alte Testament!"*

Recht hat er. Man möchte so gerne christliche Werte mitgeben und Kinder zur Friedfertigkeit erziehen, zum rechten Glauben und zur Nächstenliebe. Aber das ist nicht so einfach. Es scheint schon in den Kindern drin zu stecken, dass sie sich miteinander messen wollen, vergleichen, wer besser ist. Und vielleicht scheint es doch am Ende nichts anderes zu geben als die Wahrheit von Kain, dass eben die Dimension des religiösen Erfolgs recht unwichtig und aus moralischer Sicht die einzig spannende Frage ist, wie man mit den Unterschieden umgeht. Dies hätte dann allerdings theologisch gesehen enorme Sprengkraft. Denn dann wären so viele Streitfragen völlig belanglos und Menschen würden einzig danach beurteilt werden, wie sie mit den Ungerechtigkeiten des Lebens umgehen.

Theologische Streitfragen sind vielen Menschen heute sowieso egal. Ich weiß das aus meinem Unterricht im Fach Evangelischer Religion, dass ich für die Frage, ob Gott existiert, leicht die SchülerInnen begeistern kann, für systematisch-theologische oder gar konfessionelle Fragestellungen nicht. Es interessiert die Menschen nicht, worin „die Gnade besteht" oder „was das Abendmahl" ist. Völlig Banane. Und es interessiert SchülerInnen nicht, was in den Schulbüchern angeboten wird. Jedenfalls nicht die SchülerInnen meiner Klassen am Berufskolleg. Deswegen ist es auch völlig unangemessen, im Religionsunterricht die oftmals interessierten Muslime zu verbannen und ihnen Ethik-Unterricht mit Mandala-malen aufzuzwingen. Gerade meine muslimischen SchülerInnen sind an religiösen Themen interessiert und es käme denen nie in den Sinn, sich vom Religionsunterricht abzumelden. Denn das interessiert sie ja. (Und wenn wir den Islam behandeln, lasse ich sie eben nicht die Fakten erzählen, sondern ihre Emotionen, warum sie gerne Muslime sind.) Ein junger Mann strahlte mich bei der Notenbekanntgabe an und meint: *„Boah, ich habe mich früher immer so doll angestrengt, meine Mappe in Ordnung gehalten, alles gemacht und trotzdem nur 'ne 4 bekommen, weil ich halt Moslem war und hier diskutieren wir, ich kann sagen, was ich denke und bekomme 'ne 2.“* Aber das nur nebenbei, wichtig ist nicht, welche Religion was wie richtig macht, sondern dass Religion nicht zum Anlass für moralisch abgründiges Verhalten wird, wie es leider in den letzten Jahren gerade im Bereich des Islam (das Christentum hat das ungefähr 500 Jahre vorher nicht besser gemacht) der Fall ist, denke man nur an die Gräueltaten des Islamischen Staates oder der Boko Haram.

Noch einmal, damit es klar wird: Hier scheint sich eine anti-theologische Linie anzudeuten, die locker bis zu Jesus reicht und immer wieder uns Menschen in Frage stellt: Gott interessiert sich nicht für theologische Spitzfindigkeiten. Es sind Spezialfragen, mit denen wir Menschen von unserer eigenen emotionalen und Lebens-Inkompetenz ablenken (wollen).

Doch noch ein weiteres Element in den alten Konkurrenzgeschichten lohnt es zu beachten. Es ist das Element des Ausgleichs. Sowohl die ungeliebte Magd Hagar wie auch die ungeliebte Nebenfrau Lea wird von Gott mit Fruchtbarkeit gesegnet (Lea) und geschützt bzw. gerettet (Hagar).

Dass dies nur schwach das schreckliche Gefühl des Nicht-geliebt-werdens auszugleichen vermochte, wird an der Namenswahl der Lea deutlich. Bei ihrem ersten und dritten Jungen ergänzt sie die Namenswahl durch die Kommentare, dass nun, da Gott sich ihrer erbarmt hätte, sie endlich auch von ihrem Mann geliebt werden würde. Welches Leid, welches schier aussichtslose Ringen um die Liebe des Mannes! Nun wird er mich endlich lieben. Bei allem Schmunzeln über ein theoretisierendes Liebäugeln mit der Polygamie *(Sie: „Och, mit mehreren Frauen, das würde dir doch gefallen." Er: „Ach, ich weiß nicht." Sie: „Und vielleicht wäre das gar nicht so schlecht, man muss manchmal ran, hat auch öfter seine Ruhe und hat immer Freundinnen, mit denen man klönen kann, ist bei der Kindererziehung nicht alleine..." Er: „Hmm...")* verbirgt sich hier großes Leid der Frauen, die kulturell natürlich auf den Mann bezogen sind und erleben, dass sie nur zweite Wahl sind, ungeliebt. „Aber jetzt wird er mich endlich lieben!" Von wegen.

Vielleicht ist die biblische Geschichte hier ganz realistisch. Es gibt einen Ausgleich, aber nicht unbedingt ausgleichende Gerechtigkeit. Keine, die zufriedenstellt. Denn Jahre später findet Leas Ältester auf dem Feld Kräuter, die als Aphrodisiakum dienten. Und Rahel, bis dato noch unfruchtbar, schwätzt Lea das Viagra-Kraut ab, und im Gegenzug darf Lea zweimal mit dem Mann schlafen und wird prompt noch zweimal schwanger. Ein endloses Ringen um die Gunst Jakobs, die sich in der Rivalität der Halbbrüder fortsetzt und schließlich zum Verkauf von Joseph nach Ägypten führt, wodurch die ganze Sippe am Ende dem Hungertod entrinnt.

So scheint das menschliche Leiden an den Ungleichheiten und Ungerechtigkeiten für Gott zu einer Sisyphus-Arbeit zu führen. Da hat er aber alle Hände voll zu tun. Und wird doch nie damit fertig, alles auszugleichen. Und wenn es Gott schon so geht, wie soll es uns da anders ergehen?

## *Familie Lot*

Es könnte einem das Blut in den Adern gefrieren. Wenn's nur nicht so heiß wäre. Die Geschichte von Abrahams Neffen Lot und seiner Familie ist eine der schaurigsten des ganzen Alten Testaments. Zunächst ist man versucht, die ganze Muschpoke für relativ harmlos zu halten, weil ja offensichtlich eine Verwandtschaft zum Glaubensheld Abraham vorliegt. In den Gedanken meiner Kindheit bekam der Glaubensheld Abraham (wie heldenhaft er ist, sich für das Opfern seines Sohnes zu entscheiden, ist schon oft diskutiert worden; auch ich hätte ihm mit Konstantin Wecker zurufen wollen: *„Sag nein!"*) die Note „1". Für den etwas weniger heldenhaften Lot blieb dann eine „2-". Na, ja, so ungefähr. Außerdem legt ja das irrwitzige Verhandlungsgespräch zwischen Gott und Abraham in Gen. 18 nahe, dass mit „den paar Gerechten" in Sodom gerade der gute Lot und die Seinen gemeint sein könnte. Also, Familie Lot – gute Durchschnittsbürger? Oh, nein. Los geht's.

Zwei Himmelsboten, die zuvor Abraham besucht haben, kommen wenig später zu Lot, der inzwischen in Sodom wohnt. Er war dort geduldet, aber nicht wirklich integriert, wie sich später herausstellen sollte. Und Lot handelt zunächst vorbildlich. Er verneigt sich tief und bittet die beiden Gäste zu sich herein, versorgt sie, backt selbst Kuchen (wie emanzipiert!) und tischt ihnen auf.

Aber nach Einbruch der Nacht umstellen Männer von Sodom das Haus Lots und fordern ihn auf, die Himmelsboten herauszugeben, damit die Männer Sodoms *„sich über sie hermachen"*. Man kann das so verstehen, dass hier eine homosexuelle Meute sich über zwei Opfer hermachen will. Man kann aber auch den Schwerpunkt auf den Bruch des Gastrechtes und eine ausländerfeindliche Aggression legen. Ganz einfältige Gemüter mögen hier auch eine „biblische Legitimation" für Homophobie entdecken, aber das braucht uns nicht zu kümmern. Wie Lot das ganze verstanden hat, ergibt sich aus dem Fortgang der Geschichte:

Lot geht raus zu den Leuten und schließt die Tür hinter sich. Und in einem verzweifelten Versuch der Anbiederung (*„Ach, liebe Brüder, tut nicht so übel!"*) bietet er an, dass die Menge doch gerne seine beiden jungfräulichen Töchter vergewaltigen dürfe. Frei nach dem Motto: Also das Gastrecht ist ja ein heiliges Recht, das sollte man doch respektieren, und überhaupt, was macht das mit meinem Ruf, wenn ich zulasse, dass meinen Gästen so etwas widerfährt, ... aber meine Töchter, zwar verlobt, aber was soll's, erst 14 Jahre, na, ja, sind halt mein Besitz, über den ich verfügen kann, die könnt ihr nehmen und über sie herfallen, *„tut mit ihnen, was euch gefällt!"* Ein Freibrief zur Vergewaltigung. Wie schrecklich!

Was passiert hier? Hier stellt Lot das Gastrecht, ein Gesetz der Ehre, höher als die Verantwortung für die

Familie. Vielleicht wurden Töchter, die man mit Mitgift ausstatten musste, ja auch eher als Belastung empfunden. Aber mit dem Blick des 21. Jahrhunderts bahnt sich hier eine Katastrophe an. Fast könnte man sich für die – wie so oft – namenlosen Töchter Lots freuen, dass die Männerhorde sie verschmäht und ihre Aggression gegen Lot richtet. In jedem Fall muss man heute Lots Verhalten als abscheulich empfinden. Ich frage aber hier noch nach einer weiteren Person, nach jemand, der bislang gar nicht vorkommt. Wo ist Lots Frau, die Mutter der Mädchen? Warum tut sie nichts, interveniert nicht? Rein technisch gesehen könnte man natürlich argumentieren, dass Lot dieses „tolle Angebot" ja draußen vor der Tür, im Lärm der Straße machte und die Bewohner drinnen davon gar nichts mitbekamen. Okay. Oder war sie selbst so machtlos? Eben auch Eigentum des Hausherrn? Trotzdem. Es erscheint aus heutigem Blickwinkel unvorstellbar, dass ein Mann seine Töchter anbietet und die Ehefrau sie nicht schützt. Obwohl… unvorstellbar? Leider ist auch heute davon zu lesen, dass Eltern ihre Kinder im Internet anbieten. Und dass Familienangehörige bei Missbrauch durch „den lieben Onkel" weggucken, ist leider auch an der Tagesordnung. Insofern ist die Geschichte der Familie Lot, so fremd sie mir auch erscheint, doch aktuell.

In dieser Situation ereignet sich ein Wunder. Als die Meute sich nun über Lot hermachen will, dessen Anbiederung offensichtlich nichts bringt und eher die

Aggression verstärkt, ziehen die beiden Himmelsboten Lot wieder ins Haus und vollbringen ein Blendungswunder, so dass die Meute draußen die Tür nicht mehr finden kann und es schließlich aufgibt, dieselbe zu suchen. Die Vorstellung, wie so etwas zugegangen sein mag, fehlt mir. Vielleicht entstanden in aufgeheizter Stimmung weitere Konflikte und der eigentliche Anlass geriet in den Hintergrund? Egal. Die Situation für Lot und seine Familie ist damit zwar kurzfristig gelöst, aber auf lange Sicht ist die Existenz der Familie in der Stadt Sodom nicht mehr möglich. Denn leider erstreckt sich das Wunder auch nicht auf die Leute von Sodom, so dass sie einsichtig würden. Nein, leider ist es eher ein Verblendungswunder. Auf eine wundersame Einsicht hofft man hier vergebens. Sowohl bei der großen Meute wie auch bei Lots zukünftigen Schwiegersöhnen, die Lots Aufforderung, das dem Untergang geweihte Sodom zu verlassen, einfach „lächerlich" finden.

Und auch Lot kommt diese ganze Aktion vielleicht etwas übertrieben vor. Schließlich packen ihn die beiden Himmelsboten samt Frau und Töchtern, zerren ihn im Morgengrauen aus der Stadt und lassen ihn erst in einiger Entfernung los mit der Aufforderung: „Nun aber fort!" Das Wunder hat nur äußerlich Verblendung gewirkt, nicht jedoch innere Einsicht. Auch nicht bei Lot. Der Aufforderung der Himmelsboten, sich ins Gebirge zu retten, entgegnet er, dass ihn dort *„irgendein Unheil treffen und er sterben könnte"* (denkt da auch irgendwer an seine Familie, hallo?), und so bequatscht er die Himmelsboten, sich ins kleine Städtchen Zoar retten zu dürfen. Okay.

Jetzt kommt die Stelle in der Kinderbibel in meinem Kopf, wo ich immer ganz ehrfurchtsvoll erschauderte. Lots Frau dreht sich um, blickt zurück und erstarrt zur Salzsäule. Obwohl die Himmelsboten es allen extra gesagt hatten: Nicht zurücksehen! Und doch. Lots Frau dreht sich um. Dennoch würde ich hier gerne eine Lanze für Frau Lot brechen.

Natürlich könnte man ihr unterstellen, dass sie einfach an das schöne Haus, den netten Innenhof, den plätschernden Springbrunnen, den gefüllten Kleiderschrank mit den vielen Schuhen, die netten Schwätzchen mit den Nachbarinnen und das übliche Lästern über Frau X und Frau Y dachte und seufzte: Ach wie war das schön. Und – bämm – war sie eine Salzsäule. Moral: Nicht am Besitz der Vergangenheit hängen! In der Kunst, insbesondere der alternativen, christlichen Musikszene der 70er/80er Jahre wurde das Thema des in-der-Vergangenheit-Hängenbleibens mehrfach aufgegriffen *(Michael Omartian: „Mrs. Past", Daniel Amos: „Memory lane": „She takes another trip down Memory lane, she's gone there once too often and she's likely to remain")*, aber das ist vielleicht nur ein möglicher Aspekt der Erstarrung.

Man könnte sich auch vorstellen, dass die Scham darüber, ihre Töchter nicht geschützt zu haben, sie erstarren lässt. Oder die Scham darüber, sich selbst mit dem Sich-einrichten in der Unrechts-Stadt belogen zu haben. Die Scham, einer Illusion aufgesessen zu sein. In solch einem Fall wäre es ja eher angemessen, noch einmal zurück zu blicken. Als Deutsche müssten wir dafür eigentlich Verständnis haben, denn der Blick auf die eigene unrühmliche Vergangenheit gehört zu unserer kulturellen DNA, egal, ob andere eine „neue Erinnerungskultur" fordern oder nicht. Deswegen würde ich Lots Frau gerne zurufen: Gut gemacht! Auch gut gemacht, sich noch einmal mit der Vergangenheit auseinander zu setzen. Vielleicht etwas zu früh. Vielleicht ist es deshalb ganz klar, dass sie erstarrt. Nicht mehr handlungsfähig ist sie. Lot macht es anders, besser? Er rennt bis nach Zoar und blickt erst am nächsten Morgen auf die Trümmer von Sodom. In jedem Fall gilt der Frau mein Mitgefühl, auch wenn es „nur" das allzu menschliche Hängen an der schönen Vergangenheit ist.

Aber, wer weiß, vielleicht hat sich ja die Salzkruste um die Frau beim nachmittäglichen Regen gelockert, ist aufgeplatzt, die Frau konnte weinen und ihre salzigen Tränen sickerten langsam in den Boden. Manchmal hat es auch sein Gutes, wenn die Bibel manche Geschichten nicht weitererzählt. Das lässt Raum zum Atmen und für überraschende Wendungen.

# Familie Lot

## *Simson*

Meine verehrten Leser, man soll ja nicht stehlen. Und weil ich mich nicht mit fremden Federn schmücken will, deshalb hier das Vorwort, dass der Impuls, die Figur des Simson so radikal aus unserer Zeit her als Anti-Helden zu verstehen auf Wolfgang Vorländer zurückgeht, dessen eindrückliche Predigt mich damals gefesselt hat. Und viele der folgenden Gedanken hat er wohl auch geäußert.

Schon um die Geburt des kleinen Simson ranken sich Legenden. Seine Mutter galt eigentlich als unfruchtbar, wurde aber nach einer doppelten Engelserscheinung schwanger. In der Zeit der Schwangerschaft sollte sie sich, das hätte ein Engel geraten (hätte aber auch ihre Gynäkologin gewesen sein können), von Alkohol und Schweinefleisch fernhalten, also einen bewusst gesunden und rituell reinen Lebensstil wählen. Dies steht in einem interessanten Zusammenhang zu der zweiten Engelanweisung, nämlich, dass dem kleinen Simson nicht die Haare geschnitten werden sollten. Lange, ungezügelte, ungebändigte Haare stehen kulturgeschichtlich (und dabei weiß ich nicht genau, welchen Anteil die Simson-Geschichte hier hat, ob sie Ausdruck, wenn nicht gar Auswuchs" archetypischer Strukturen ist oder ob sich die Wissenschaft hier eigentlich nur auf sie bezieht) für sexuelle

Potenz und damit ist das Leit(d)motiv dieser Geschichte auch schon vorgegeben. Es geht um Sex. Und um Macht. Und um beides miteinander.

Es sei an dieser Stelle angemerkt, dass Simson hier als Kind durchaus denkender Menschen ausgegeben wird. Während nämlich sein Vater Manoach angesichts der Engelerscheinung mutmaßt, dass er und seine Frau jetzt sterben müssten, weil sie ja einen Engel – und damit Gott – gesehen hätten, argumentiert die - wieder mal namentlich nicht genannte - Frau bestechend logisch, dass Gott, wenn er sie hätte töten wollen, sich bestimmt kein Opfer hätte darbringen lassen. Die Frau denkt mit.

Diese Geburtsgeschichte wird abgeschlossen mit der Aussage, dass der Geist Gottes anfing ihn „umzutreiben" im Stammesgebiet seiner Sippe. Das ist ja ganz nett. Man stelle sich jetzt aber kein missionarisches oder soziales Projekt vor, sondern der Text fährt fort, dass er ein Mädchen sieht. Klasse! Pubertäres Begehren und Identitätssuche als Folge der geistlichen Umtriebigkeit.

Hier lohnt ein Vorgriff auf ein späteres Kapitel zu einer Stelle im Lukasevangelium, wo im zweiten Kapitel Jesu Pubertät als Zeit des radikalen Fragens nach Gott und der Identitätssuche geschildert und mit dem absolut rätselhaften Satz abgeschlossen wird, dass Jesus wuchs und zunahm an Gnade bei Gott und den Menschen. Klingt so, als hätte der himmlische Vater seinen Sohn mit der Zeit immer mehr liebgewonnen.

Erstaunlich, ich dachte, der hätte den immer gleich liebgehabt.

Zurück zu Simson. Der verguckt sich zunächst (und es ist interessant, dass im Folgenden drei „Frauengeschichten" von Simson erzählt werden) in eine Palästinenserbraut. Das war damals wie heute problematisch, weil damals wie heute im Siedlungsgebiet Israeliten (heute Juden) und Palästinenser (damals Philister) bunt gemischt lebten. Und hier fängt die Geschichte – und schlimmer noch, die theologische Deutung - an, höchst unmoralisch zu werden. Es wird nämlich Simsons unmoralisches Handeln als Teil eines Segenshandelns begriffen, mit dem der Streit mit den Philistern eskaliert wird, um am Ende Verderben über „die Feinde des Volkes Gottes zu bringen." Na, Halleluja! Aber der Reihe nach.

Also Simson verliebte sich in das Girl aus Timna (klingt fast wie „Girl from Ipanema") und bat seine Eltern, eine Hochzeit zu arrangieren. Diese waren zunächst von der interkulturellen Verbindung nicht sehr angetan, fügten sich aber dem Quengeln des Buben (was die Bibel als göttliche Fügung interpretiert). Reizvoll war das Mädel aus Timna auch, weil ihre Kultur eigentlich eine „feindliche" war. Vielleicht ist das typisch für „fromme" oder besser frömmelnde Erziehung, dass das „Unchristliche", das „Heidnische", das „Fremde" gerade in der Pubertät einen Reiz hat. Und bei Simson vermischen sich die Motive. Irgendwie sucht er auch die Herausforderung, will sich gerne mit den Clans des Timna-Girls messen und anlegen, findet sie scharf und will aber auch Action. Dass diese Motive als göttliche Fügung interpretiert werden, schießt hier echt den Vogel ab. Als artig christlich sozialisierter Mensch müsste ich sagen: Das ist doch Hedonismus pur! Maximaler Spaß und hemmungslose Lust. Das als Teil von Gottes Plan, das öffnet dem Selbstbetrug Tür und Tor! Haben uns denn nicht Kreuzzüge und so vieles mehr gelehrt, dass es wirklich schrecklich ist, wenn eigene Motive groß als die Sache Gottes ausgegeben werden? Und nun das! Und der Fortgang der Geschichte ist symbolisch hoch aufgeladen.

Da erschlägt Simson – und so viel nur zu seiner körperlichen Verfassung – auf dem Weg zu seinem Mädchen einen Löwen. In Palästina gab es seinerzeit vermutlich den asiatischen Löwen wie auch – gerade im nördlichen Bergland – Leoparden, bekannte Symbole der Stärke (vgl. Darstellungen auf dem Ishtar-Tor im Pergamon-Museum, Berlin, ein absolutes must-see!) und auch Feinde der Nomaden-Clans, die mit Schafen und Ziegen traditionell durch Palästina zogen. Diesen Löwen erschlägt Simson mit bloßen Händen. Auf dem Weg zur Hochzeitsfeier wenige Tage später geht er nochmals an dem Kadaver vorbei, in dem sich ein Bienenschwarm eingenistet hat. Diesen Bienen klaut der furchtlose Recke dann den Honig. Die von Simson dann später in einem Rätsel am Junggesellenabend verpackte Kombination von Stärke

(Löwe) und Genuss (Honig) symbolisiert das narzisstische Ziel: totale Macht und totale Selbstbefriedigung im Vorfeld der Sexualität.

Und nun kommt die Hochzeit, big Party, war schon damals Usus „wie es die jungen Leute zu tun pflegen". Und mit einer nicht näher bezeichneten Gruppe von 30 „Gesellen" wettet Simson, dass sie nicht erraten würden, wie denn gleichzeitig eine Bestie zur Speise und zum Zuckerl werden könnte. Die Gesellen, aus dem gleichen Familienclan wie Simsons Braut, Typen, mit denen er sich messen wollte, bestürmen nun Simsons Braut, sie möge ihren Anvertrauten doch bezirzen, ihr das Rätsel zu verraten. Und nun zieht diese eine Schnute: „Ooooch, du liebst mich gar nicht." Erpressung mit Liebesentzug. Oder exakter: Erpressung mit der Drohung, dem anderen die erklärte Liebe nicht zu glauben. Und in diesem biblischen Lehrstück passiert genau das: Der Simson, der einen Löwen mit bloßen Händen zerreißt, wird bei einer Frau schwach. Und ewig lockt das Weib. Kein Wunder, dass man diese liederlichen Luder mit Burka und Niqab verhüllen muss, damit bei den Männern die Hormone nicht explodieren. Simson verrät des Rätsels Lösung und seine Frau tratscht es ihrer Familie weiter. Simson steht als der Depp da.

Und was nun passiert, erscheint einerseits als pure Aggression, als Ausbruch ungezügelter Wut, wird aber von den biblischen Autoren als Wirken von Gottes Geist etikettiert. Simson geht in eine andere Philisterstadt, erschlägt dort 30 Männer (vielleicht auch

bei einer Hochzeit, denn irgendwie hatten sie Festgewänder), nimmt den Toten die Festgewänder ab (die
brauchten sie ja nun nicht mehr) und gibt die Festgewänder den 30 Gesellen als vorher vereinbarten Wett-
einsatz. Na, da gratulieren wir doch! Es ist kaum vorstellbar, wie derselbe Geist Gottes, der Jesus umtreibt
und der zu Pfingsten auf die Jünger ausgegossen wird,
hier der Urheber eines brutalen Massenmordes sein
soll. Erinnert ein bisschen an die Kreuzzüge. „Gott
will es!" Und damit haben die Kreuzfahrer hier einen
unrühmlichen Vorgänger.

Besonders zielführend (zumindest was den eigenen
sexuellen Lustgewinn betrifft, aber vielleicht war
Simson doch eher an Brutalität interessiert, triebge-
steuert in jedem Fall) war sein Handeln nicht. Denn
mit der Ehe war es jetzt auch aus. Der Schwiegervater
hatte, weil er mit solch einem brutalen Mörder nichts
zu tun haben wollte, seine Tochter schnell einem anderen (Männer gab's genug) zur Frau gegeben, vermutlich aus Angst, von den Angehörigen der 30 Opfer
in Sippenhaft genommen zu werden. Mit solch einem
Kerl wollte er lieber nichts zu tun haben. Erst als Simson ihm auf den Pelz rückt, wehrt er sich mühsam,
bietet zum Ausgleich die jüngere Schwester an.
Frauen waren damals einfach Verhandlungsmasse.
Und bevor man selbst erschlagen wird, bietet man halt
die Töchter an: Ach vergewaltigt doch bitte die und
lasst mich leben. Der Mann hatte allerdings ein gutes

biblisches Vorbild, wie wir weiter vorne in der Geschichte von Lot schon gesehen haben. Auch da packt man sich an den Kopf und wendet sich angeekelt ab.

Doch Simson geriet jetzt in Fahrt. *(Das alte DDR-Motorrad hieß auch „Simson", die Fabrik übrigens von zwei jüdischen Brüdern mit Familiennamen Simson gegründet. Na, kein Vergleich zum Simson unserer Geschichte!)* Interessant ist, dass er vor einer grausamen Tierquälerei und Brandschatzung noch klarstellt: Diesmal bin ich aber ohne Schuld. Scheinbar hat er ein Gewissen. Und ist Meister des Selbstbetrugs. Das findet sich ja immer wieder bei völlig unmoralischem Verhalten, dass noch einmal betont wird, jetzt aber im Recht zu sein. Er bindet jeweils eine brennende Fackel zwischen die Schwänze zweier Füchse und jagt diese in die Getreidefelder und Weinberge der Philister. Das finden diese natürlich gar nicht lustig. Und als ihnen erklärt wird, was denn den Simson zu dieser Tat getrieben hätte und dass der Schwiegervater an allem schuld sei, verbrennen sie diesen samt Familie. Grausamste Folter, Eskalation als Wirken des Heiligen Geistes?

Die Geschichte berichtet nun von einer weiteren Eskalationsstufe, dass nämlich Simson die Männer dieses Clans, der seine neue Familie getötet hat, erschlägt, was nicht gerade friedensfördernd ist. Denn nun zieht eine ganze Streitmacht von 1000 Philistern heran und marschiert ins judäische Bergland, wohin sich Simson zurückgezogen hat. Ein jüdischer Clan-

Chef versucht das Ganze noch zu deeskalieren und be-
wegt Simson, sich an Händen gebunden ausliefern zu
lassen. (Hierzu gehörten neben Überredungskunst
auch 3000 Soldaten, wohlgemerkt Judäer, die man
nicht so einfach erschlagen durfte wie Philister. Das
waren eigentlich die Guten!!!) Also läßt sich Simson
binden und ausliefern, die Philister stimmen gleich einen Freudengesang an, der aber nur solange dauert,
bis Simson seine Stricke zerreißt, sich einen alten
Eselsschädel schnappt und sie alle zu Brei schlägt.

Das wäre ja als Bericht eigentlich unproblematisch
(außer für die, die tot am Straßenrand lagen. Entschul-
digen Sie bitte diesen Zynismus im Stile Terry
Pratchetts!), wenn nicht Simson, nach dem Massen-
mord noch kommentieren würde: *„Ach Herr, du hast
solch großes Heil gegeben durch die Hand deines
Knechtes, nun aber muss ich vor Durst sterben..."*
Und was tut Gott? Lässt aus dem alten Eselsschädel
Wasser fließen. Der Gott der Bibel belohnt das Mas-
saker mit einem Speisungswunder. Na, vielen Dank!

Doch wir sind noch nicht fertig. Auch nicht mit den
Frauengeschichten. In einer kleinen Episode wird er-
zählt, dass Simson, für den eine Frau zu finden wohl
mittlerweile nicht ganz einfach war, ein Bordell im
Gazastreifen besucht. Und die Einwohner von Gaza-
Stadt (alles Philister übrigens) überlegen sich, ihm am
Stadttor aufzulauern. Simson allerdings steht gegen
Mitternacht auf, und packt gleich das ganze Stadttor,
läd es sich auf die Schultern und trägt es bis kurz vor
Hebron, schlappe 70 km. Diese Episode ist eigentlich

für den Fortgang der Geschichte belanglos, wird hier als wunderbarer Legendenstoff mit eingewoben. Nebenbei könnte man fragen, ob der Gang ins Bordell hier auch Wirken des Geistes Gottes ist. Hm... Sowieso müssen wir uns bei der Simsongeschichte bewusst machen, dass es hier legendärer Stoff ist. Big Hero. Was es natürlich den Lesern der Bibel und auch allen, die sie immer als wortwörtliche Wahrheit des ewigen Gottes postulieren, nicht einfacher macht. Also sicher kein Stoff für die Kinderbibel.

Schließlich weist die Geschichte einige Parallelen zu der nachfolgenden Geschichte von Simson und Delila auf, so dass man auch hier eine doppelte Erzählung des gleichen Sagenstoffes vermuten könnte. Was ist also der Gewinn dieser kleinen Zwischenepisode? Vielleicht die, dass mit der dreifachen Verknüpfung von sexueller Lust mit Macht und Brutalität und Tod diese Verbindung nur umso eindrucksvoller beschrieben wird. Es scheint ein sexueller Stimulus in der Provokation der Mächtigen zu bestehen. Und Sex scheint wiederum Energie frei zu setzen. Wow! Und das Ganze ist Wirken von Gottes Geist?

Die Geschichte von Simson wird abgeschlossen mit der Erzählung seiner Beziehung zu Delila. Hier trifft nun Simson auf eine ihm ebenbürtige Frau. Irgendwie jedenfalls. Denn diese Frau weiß durchaus um die Verbindung von Sex und Macht und benutzt ihre Ausstrahlung, um Simson zu ködern, lässt sich aber gleichzeitig von den Fürsten der Philister 1100 Silberstücke (Übrigens der gleiche Betrag, der im

nächsten Kapitel der Bibel, das der folgenden Geschichte zu Grunde liegt, wieder auftaucht. Sollte
diese Frau etwa die frühere Delila sein?) in Aussicht
stellen, wenn es ihr gelingt, ihm das Geheimnis seiner
Kraft zu „entlocken". Es kommt also noch einmal
wie's kommen muss. Sie säuselt: „Verrate mir doch
das Geheimnis deiner Kraft!" Er erzählt ihr drei Mal
irgendwelche Geschichten, wie man ihn fesseln
müsse. Bei jedem Ruf Warnruf im Morgengrauen
macht er sich von den nachts angelegten Fesseln frei
und Delila mimt die Beleidigte. „Och, deine blöden
Ausreden, du traust mir nicht." Als ob man einem
Simson trauen könnte! Schließlich berichtet die Bibel,
Simsons Seele sei sterbensmatt gewesen. So groß das
Begehren, die Macht des Sexus einfach unwidersteh-
lich. Und er verrät ihr das Geheimnis. Und als er nach
dem Koitus selig einschlummert, lässt sie ihm die Lo-
cken abschneiden. Interessant ist, dass es heißt, dass
noch im Bett Delila anfing, ihn zu bezwingen. Wie
soll man sich das vorstellen? Hatte sie keine Lust, immer unten zu liegen? Kleines Kämpfchen vor der
nächsten Runde? Man kann das natürlich auch als sexuelle Emanzipation der Frau deuten, die – sobald der
Mann von der übermächtigen Triebdominanz (symbolisiert durch die Haare) befreit ist - im Bett das Zep-
ter in die Hand nimmt.

Erst danach wird erzählt, dass die Philister ihn
überwältigen, ihn foltern, blenden und sich einen
Spaß daraus machen, ihren alten Widersacher zu de-

mütigen. Als blinder Tanzbär soll er auf ihrem Jahrmarkt im Palast auftreten. Und zum Finale Furioso erbittet Simson noch einmal Kraft von Gott, allein mit dem Zweck, sich rächen zu dürfen für die Blendung und Schmach. Und Gott? Die Bibel schweigt hier vornehm, berichtet aber, dass Simson die zentralen Säulen des Palastes umreißt, so dass er mit all den Philisterfürsten zusammen stirbt, im Tod also noch mehr umbringt als bei seinen gesammelten Massakern zuvor. Na, prima.

Ehrlich gesagt, was sollen wir mit solch einem Bibeltext anfangen? Wer immer jetzt von pädagogischem Wert faselt, dem gehört das Buch um die Ohren gehauen. Einen Gott, der diese Geschichten so wirkt, nur um spätere Generationen zu warnen, braucht man ebenso wenig wie einen, der Menschen eines kleinen Volkes so zusammenhauen lässt. Klar, man kann sich die Philister alle als blutrünstige Monster vorstellen, die eine solche Strafe verdient hätten... aber das hatten wir ja schon bei Noah. Ich muss an den Film „Ulee's Gold" denken, wo die kleine Enkelin Penny den alten Kriegsveteran Ulee (gespielt von Peter Fonda, der dafür eine Oscar-Nominierung bekam, leider gibt's den Film nicht auf DVD in Deutsch, eine Schande, aller möglicher Schund wird angeboten, aber dieser Film nicht) bezüglich der verstorbenen Kameraden auf einem Foto befragt: *„Waren die denn alle böse?"* Nein, das waren sie nicht. Also, pädagogische Zwecke scheiden aus. Und wenn Gott das alles wirklich so wollte, wäre der Bruch zwischen altem und neuem Testament so groß, er wäre kaum zu kitten.

Vielleicht ergibt diese Geschichte aber auch gar keinen Sinn, außer dem, dass sie einfach da ist. Sie wird einfach erzählt. Sie sperrt sich allem Verstehen. Sie wird zum Stolperstein und zur Anfechtung für allen Glauben. Sie ist kein Ruhmesblatt und sie sagt eine Menge über die Menschen der Bibel, die nämlich eigene Motive, sexuelle Lust und Macht, Libido und Thanatos hemmungslos ausleben, andere unterjochen, quälen, sich dabei gut und im Recht fühlen und das Ganze noch als Wirken von Gottes Geist begreifen. Mannomann! Wenn ich Gott wäre, ich hätte mich geschämt und irgendwie verhindert, dass erstens Glaube so instrumentalisiert wird. Und wenn ich's schon hätte hinnehmen müssen, hätte ich es nicht weitererzählen lassen.

Einen abschließenden Gedanken doch noch. Dass nämlich eine solche Geschichte leider immer noch in unsere Zeit passt. Über die Feiertage las ich in dem Buch von Peter Milger über den 30-jährigen Krieg. Wie schrecklich das damals war. Blutrausch und Folter. Allerdings haben nur wenige ernsthaft behauptet, dies geschehe im Namen der Religion. Es waren einfach marodierende Söldnerheere, die durchs Land trieben. Und ich musste an meinen ersten Aufenthalt in Nordirland denken, wo mir die Menschen erzählten, dass die religiöse Dimension des Konfliktes auch nur eine Fassade ist. Es geht um Volksgruppen, Abstammung und aktuelle Diskriminierung. Und ich wage gar nicht dran zu denken, was sich in Gebieten abspielt, die vom der Terror-Miliz des IS beherrscht werden. Offensichtlich ergeht es Gott zu allen Zeiten und in allen Religionen so, dass er sich vor den Karren selbstsüchtigen Triebhandelns spannen lassen muss. An seiner Stelle wäre ich manchmal leise. Und manchmal meine ich ihn (oder sie?) schluchzen zu hören.

Vor ein paar Tagen saß ich mit meinem Freund Christoph auf der Terrasse. Er wohnt knapp 500 km entfernt, kann mich also nicht oft besuchen. Und ich heulte, als ich von meiner Krankheit erzählte und der traurigen Perspektive erzählte. Und er schwieg. Und ich habe mich für sein Schweigen bedankt. Manchmal geht es nicht anders, als kopfschüttelnd die Widersprüchlichkeit Gottes auszuhalten. Miteinander.

# "Personal Jesus" – the story of Mike

*Hier eine Anmerkung vorweg. Ein Pfarrer, dem ich diesen Text zu Lesen gab, bemerkte, dass diese Geschichte keine Pointe, keinen Höhepunkt habe. Recht hat er. Diese Geschichte hat auch im biblischen Original keinen Höhepunkt. Sie schleppt sich eher so dahin und malt ein wenig die Zeit, in der die anderen Geschichten spielen. Vielleicht malt sie auch ein wenig unsere Zeit?*

„Personal Jesus" – so lautet ein Liedtitel von Johnny Cash und Depeche Mode. Personal Jesus – ein Synonym für individuelle Religionskonstruktion im 20. und 21. Jahrhundert nach der Pippi Langstrumpf-Devise: „*Ich mach mir die Welt, widewidewie sie mir gefällt.*" So auch den Glauben, die Religion. Ist aber natürlich nicht neu. Und so geht es nun um eine Figur, die aus den grauen Vorzeitfluten auftaucht, aus Fluten der Vor-Institutionalisierung der Religion, in der „jeder tat, was ihn recht dünkte", Zeiten, zu denen wir vielleicht am Ende der organisierten Religion wieder hin unterwegs sind. Von daher könnte die Geschichte von Mike ganz gut in unsere Zeit passen.

Vielleicht ist es auch nicht untypisch, dass die Geschichte von Mike im Gebirge spielt. Im Gebirge leben eher die sonderbaren, etwas eigenbrödlerischen Typen. Menschen in rauen Gegenden müssen die Dinge eher mit sich selber abmachen, haben vielleicht nicht so intensiven Kontakt mit anderen Menschen in

Städten, die geübter sind, sich auseinanderzusetzen. Also ins Gebirge.

Mike lebt unter einem Fluch. Obwohl an und für sich ein zupackender Mensch, der patent sein Leben in die Hand nimmt, belastet ihn ein Fluch seiner eigenen Mutter. Als erfolgreicher Geschäftsmann (Händler, Hirte, Wegelagerer, was man im Gebirge halt so tun konnte) ist er eigentlich ein ganz rationaler Typ und doch lässt ihn dieser irrationale Fluch seiner Mutter nicht los. Vor einiger Zeit hatte er aus dem Familienvermögen 1100 Silbertaler abgezweigt, gut investiert und gewinnbringend angelegt. Als seine Mutter den Verlust bemerkte, verfluchte sie den ihr damals noch unbekannten Dieb. „Möge der Dieb elendig an der Seuche verrecken und sein Fleisch von den Straßenkötern von den Knochen genagt werden, so wahr mir Gott helfe!" Oder so ähnlich. Puh. Und dieser Fluch lässt Mike keine Ruhe. Er, der so vieles kontrollieren kann, hat doch Angst vor dem Unberechenbaren. Wenn nun Gott zuschlüge und den Dieb – das war ja nun mal er – mit Pest und Aussatz quälen würde? Zu gerne würde er diesen wabernden Fluch loswerden, irgendeinen Gegenzauber finden, um mit Hilfe von Religion sich selbst zu schützen. Mit dem scheinbaren Widerspruch eines modernen Geschäftsmannes, der sich trotzdem vor dem Irrationalen, dem Fluch fürchtet, gleicht Mike vielen Menschen heute in unserer scheinbar so technisch beherrschbaren Welt, die trotzdem einen Faible für Mystery hat, wie unzählige Filme und Serien belegen.

Schließlich ist Mike so verunsichert, dass er Mut fasst und das einzig Sinnvolle tut, nämlich die Situation aufklärt. Finanziell ist das kein Problem, die 1100 Taler kommen auf den Tisch – *„Äh, Mama, ich war's, ich hab's genommen."* Und Mike kann ganz froh sein, denn die emotionale Belohnung erfolgt sofort. Statt ihn weiter unter diesem Fluch zu lassen, spricht Mama ein Segenswort.

Am Anfang der Geschichte steht also eine ambivalente religiöse Erfahrung: Ein Fluch wird als Drohung erlebt, wird aber gebrochen, Reue erfolgt, familiäre Versöhnung, ein Segenswort. Wie schön, wenn man doch familiäres Glück, religiöse Erfahrung konservieren könnte. Die Geschichte von Mike ist die Geschichte des Versuchs, Segen in Dosen zu füllen. Glück abzupacken und verfügbar zu machen.

Mikes Mutter ist so gerührt, dass sie mit dem Geld, das Mike auf den Tisch gepackt hat, gerne etwas Gutes tun will, ein Instrument erschaffen will, das das Glück im Hause hält. Sie weiht das Geld Gott und will davon ein Götterbild aus Holz oder Bronze anfertigen lassen. Es gelingt Mike nur kurzfristig ihren Überschwang zu bremsen, denn für 200 Silbertaler wird tatsächlich ein Gottesbild gegossen. Dieses wird dann in Mikes Haus aufgestellt. Ein Symbol dafür, dass das Glück hier wohnen soll.

Jedoch gehört zu dieser religiösen Versicherung des Glücks nicht nur das Vorhandensein materieller

Glücksbringer, sondern auch der Beistand einer religiösen Kaste, eines Zaubermannes oder Schamanen, der einen Draht zum transzendenten Gott, dem Unverfügbaren hat und mit dessen Hilfe man doch ein wenig sicherer sein kann, dass das Glück hier wohnt. Und bleibt. Mike hat das zuerst versucht, indem er seinen Sohn zum Schamanen machte. Doch beschleicht ihn bald die Ahnung, dass ein Schamane, der nicht aus seiner Sippe ist, nicht manipulierbar, nicht kontrolliert, sicher noch mehr Macht hat.

Die Gelegenheit bietet sich, als ein junger Mann namens Levi bei ihm einkehrt. Dieser stammt aus einem Clan, der berühmt für seine spirituelle Gabe, also quasi prädestiniert für diesen Job war. In seiner Heimatstadt, dem später zur Berühmtheit werdenden Bethlehem hatte er sich auch immer aufgrund seiner Spiritualität als Fremder gefühlt, war nie mit dem kleinstädtischen, spießigen Volk klargekommen und hatte sich ergo auf große Reise begeben. Bilbo Beutlin unterwegs.

Als nun Levi mit Mike ins Gespräch kommt und ihm von seiner Reise und der Suche nach einer Aufgabe erzählt, fackelt Mike nicht lange. Für Kost und Logis plus 10 Silberstücke im Jahr bietet Mike ihm den Job als Haus-Schamane an. Und mehr noch. Aus der freudschen Religionskritik kennen wir den Gedanken, dass der Religion suchende Mensch eigentlich eine Vaterfigur sucht. Und genau das gilt auch für Mike und Levi. Mike bittet ihn: Sei mir Priester und

Vater! Vielleicht war Mikes leiblicher Vater früh gestorben, vielleicht ein unnahbarer Typ, er wird in der
Geschichte jedenfalls nicht erwähnt. Nur dass Mikes
Sehnsucht eben gerade einem Priester *und* Vater galt.
Es erinnert etwas an ein Zitat des Sektengründers Jim
Jones (das meine Schülerinnen und Schüler in der
schrecklichen, berührenden Dokumentation
„Jonestown" ansehen müssen): *„Wer in mir einen Vater sieht, dem bin ich ein Vater, wer in mir einen Erlöser sieht, dem bin ich ein Erlöser, wer in mit Gott
sieht, dem bin ich Gott."* Vielleicht ist die Analyse
von Alexander Mitscherlich aus dem Jahr 1963, der
die vaterlose Gesellschaft beschrieb ja 2017 – wo
zwar kein kürzlich zurückliegender Krieg viele Väter
geraubt hat, wo sie aber aus anderen Gründen ihre
Funktion nicht mehr erfüllen – durchaus noch gültig.
Und die Suche nach Heilsbringern mit Vater-Image
ist nach wie vor aktuell. So liegt das Angebot von
Mike auf dem Tisch: Sei mir Priester, sei mir Vater.
Zehn Silberstücke pro Jahr.

Und er nimmt an. Eine Win-win-Situation. Der
eine hat endlich einen ersten Job als Schamane – in
der Fremde eh viel besser als im heimischen Bethlehem, wo ihn jeder kennt, der andere hat endlich zum
Götterbild auch noch den androiden Glücksbringer.
Nice deal.

So hätte die Geschichte eigentlich völlig unproblematisch weitergehen können, wenn sie nicht mit fei-
ner Ironie auf die Spitze getrieben wäre. Wenn Gottes

Segen kaufbar ist, dann ist das eine prima Sache – solange kein potenterer Bewerber daherkommt. Und genau das passiert Mike. Der biblische Bericht erzählt von einem 600 Mann starken Clan, der auf der Suche nach einer neuen Heimat durchs Land zieht. Und ein Spähtrupp kehrt – die Sitte der Gastfreundschaft genießend – bei Micha ein und begegnet dort auch dem Bezahl-Priester Levi. Als Gäste dürfen sie auch den Priester über ihren kommenden Feldzug orakeln lassen. Levi gibt göttliches grünes Licht und der Clan – benannt nach Old Dan – machte sich auf den Weg in Richtung eines kleinen friedlichen Städtchens. Bewohnt von einem Volk, „das ruhig und sicher wohnte".

Als der Clan von Old Dan nun in voller Fraktionsstärke bei Mike auftaucht, entscheiden die fünf vom Spähtrupp, dass es doch auch nett sei, wenn sie das Götzenbild mit auf den Beutezug nähmen. Ein bisschen göttlichen Beistand kann man immer gebrauchen. Also her mit dem Glitzerteil! Und dem Levi, der sie deswegen zur Rede stellt, antworten sie ganz lässig (Luther 1984 ist ein schöner Kompromiss, verständlich, aber oftmals noch kernig): „Schweig und halt den Mund... und zieh mit uns, dass du uns Vater und Priester seist." Priester und Vater für 600 sei doch deutlich attraktiver als Priester und Vater nur für einen! Dieser Logik kann sich auch Levi nicht verschließen. Und wechselt die Seiten.

Als der neuen Segensgemeinschaft beim Abzug von Mikes Grundstück dieser begegnet und sie aufhalten will, wird Mike kühl abgefrühstückt. Er solle doch man lieber den Ball flach halten, damit (und hier sprachen Old Dan's Leute durchaus sprachlich elegant in der dritten Person) „nicht etwa zornige Leute über euch herfallen und dein Leben und das Leben deiner Leute hinweggerafft werde." Könnte passieren. Tja.

Was bleibt dem armen Mike also übrig, als sich von seinem gekauften Glück zu verabschieden? Gekaufte Religion, gekaufter Segen ist nett, solange nicht ein anderer kommt und mehr bietet. Dann wechselt das Glück die Seiten.

Irgendwie charmant, wie in dieser Geschichte die Suche nach Segen persifliert wird. Allzu menschlich. Und die Versuche, sich eine passende Religion zu schustern, hören nicht auf. Jedem seinen „personal Jesus", sein kleines theologisches Reich, seine eigenen Regeln samt Hausschamanen. Kann man ja irgendwie auch nichts gegen sagen.

Solange nicht…

Am Ende dieser Geschichte könnte man leicht überheblich auf Mike gucken. Idiot. Glück kannste halt nicht erzwingen. Doch ich verstehe ihn auch irgendwie. Seit meiner schweren Krebserkrankung, vor deren Ausbruch ich noch wenige Wochen zuvor mit meiner Frau auf der Terrasse in der Abendsonne saß und dachte „*Qu'est-ce qu'on a du bien!*" (Wie haben wir's doch gut), weiß ich, wie heiß der Wunsch brennen kann, doch das Glück, und sei es nur den Status Quo festzuhalten. Was gäbe ich dafür, für einige Monate oder Jahre sicher Ruhe zu haben vor der Krankheit!

# Naaman und Gehasi

In einer kleinen Geschichte stellt die Bibel einem absoluten Superstar einen naiven Bewunderer gegenüber. Superstars gab es damals natürlich nicht in dem Sinne, wie wir sie heute medial unterstützt erleben, jedoch ist es durchaus denkbar, dass zu jenen Zeiten Herrschern und Kriegsherren ein Ruf vorauseilte. Und Machtdemonstrationen gab es natürlich auch, dazu benutzte man goldverzierte Stühle wie heute der türkische Ministerpräsident Erdogan einen hat. Und das scheint Menschen zu beeindrucken. Der Ruf ging manchmal weit über den lokalen Machtbereich hinaus.

So verhält es sich auch bei dem syrischen General Naaman. In der Luther-Übersetzung wird er als „trefflicher Mann" bezeichnet. Ein Super-Typ, dessen militärische und persönliche Kompetenz dem eigenen Staatspräsidenten wie auch dem politischen und militärischen Gegner Respekt abnötigt. Dies scheint sich in militärischer Strategie wie auch im Umgang mit Untergebenen geäußert zu haben. Vermutlich konnte er seine „Mitarbeiter" vorzüglich motivieren, war transparent in seinen Entscheidungsprozessen und hatte doch nie Seminare über Führungsstil besucht. Jedoch hatte dieser Superstar auch eine Schattenseite, eine Krankheit, die ihn aufzufressen drohte. Er war an Lepra erkrankt und bei all seinem Erfolg wird hier doch auch die Dimension des persönlichen Leidens offenbar. Da kann einer allerhand richtig machen und ist doch nicht davor gefeit, an einer so schweren Krankheit zu erkranken. Interessant ist dabei, dass dieser General Naaman bei allen so beliebt war, dass selbst ein israelitisches Sklavenmädchen in seinem Haushalt sich seine Genesung wünschte. Das ist umso erstaunlicher, als sie sich damit vermutlich dem Trend widersetzte, der – in der Bibel ist uns diese Deutungsweise breit überliefert – den Erkrankten aus der Gemeinschaft ausschloss und in der Erkrankung eine Strafe Gottes sah. Hier verhält es sich anderes. Alle wünschen ihm Heilung. Ein Superstar aus Fleisch und Blut, beliebt, jedoch auch geschlagen.

Dieser Superstar kommt nun auf Vermittlung des Sklavenmädchens zu dem israelitischen Propheten Elisa. Und er kommt nicht alleine. Er begibt sich mit einer großen Karawane voller Geschenke zu dem Propheten und der Treck muss so beeindruckend gewesen sein, dass die sicherlich vorhandenen Grenztruppen ihn bis zum Propheten ziehen ließen. Dieser Schritt muss wohl für Naaman zunächst ungewöhnlich gewesen sein. Da begibt sich ein General als Privatmann ins Feindesland, um dort Hilfe bei einem Arzt zu suchen. Das war sicher recht ungewöhnlich und kam zunächst bei dem israelitischen König auch nicht gut an. Man legte es dem syrischen Präsidenten als Provokation aus und erst die Intervention des Propheten Elisa selbst sorgte für die rechte Deutung: Nein, der General kommt wirklich privat, nur um Heilung zu erfahren und das soll er auch.

Hier scheint sich ein Charakterzug des Superstars zu zeigen, nämlich dass er keine Angst vor unkonventionellen Wegen und Methoden hat. Dieser Naaman scheint außerhalb der üblichen Normen zu stehen und glänzt durch eine Autonomie, die fasziniert. Sein Status blockiert ihn nicht. Wenn es Heilung beim Gegner gibt, dann geht er eben dorthin. Und weil er seinen Status nicht einfach im anderen Setting durchsetzen kann, bringt er eben auch Geschenke mit. Ohne Minderwertigkeitskomplexe, aber auch ohne Allüren. Das ist auch heute bei manchen Politikern zu beobachten, die sich durchaus mit dem (politischen) Gegner treffen.

Einen interessanten Gegenpol zu dem weltmännischen General Naaman, der offensichtlich keine Berührungsängste hat, bilden der israelitische König, vermutlich Joram, und auch der Prophet Elisa. Der König, in einer verständlichen Defensivhaltung angesichts der Armeen Syriens, wittert beim Eintreffen Naamans nur einen Vorwand für ein Scharmützel und der Prophet Elisa brüskiert den General, indem er nicht einmal an die Tür kommt und den General mit dem Tipp einer siebenmaligen Waschung im Jordan abfertigt. Und den ganzen Geschenke-Plunder soll er auch wieder mitnehmen. Damit liegen die beiden ganz auf der Linie der „political correctness", sich bloß nicht mit den unbeliebten Syrern anzufreunden. Und wenn man solch einem Syrer schon helfen „muss" (offensichtlich war das der Job eines Propheten Elisa), dann doch wenigstens so, dass die Distanz gewahrt bleibt. Und an dessen Geschenken möchte man sich auch nicht die Finger schmutzig machen. Welch Gegensatz zu Jesus, dem man schlappe 800 Jahre später den Vorwurf machte, er würde mit Sündern und anderen üblen Subjekten essen und Gemeinschaft haben. Auf Gemeinschaft mit diesem „trefflichen Mann" konnten der König und sein Prophet gut verzichten. Mögen die Reichen und Mächtigen doch ihre (sündigen) Spielchen spielen! Daran will man keinen Anteil.

Es sei denn, man heißt Gehasi und ist der Diener des Propheten. Dieser Gehasi ist der Meinung, dass bei aller gebotenen Distanzierung man doch eigentlich etwas von den Geschenken des Generals hätte annehmen sollen. Und wenn schon nicht offiziell, so will er doch auf eigene Rechnung etwas von dem Glanze haben. So wetzt er hinter dem General her, der die Staubwolke alsbald sieht, und schwätzt ihm nach kurzem Smalltalk („Geht's gut?" „Ja, danke!") ein kleines Vermögen ab, das der Prophet Elisa zum Bewirten und zur Begrüßung von Gästen verwenden wolle. Erstunken und erlogen. Aber der General lässt sich nicht lumpen, schickt sogar noch zwei Träger mit zurück. Noch bevor das Haus in Sicht kommt, schickt Gehasi dann die Träger zurück – soll ja niemand Verdacht schöpfen – und versteckt das Silber und die kostbaren Stoffe im angrenzenden Schuppen. Warum macht Gehasi das?

Für mich wird Gehasi hier zum Sinnbild des verführten Menschen. Als Diener, als Mann in der zweiten Reihe hinter dem Propheten Elisa war er doch irgendwie ein Niemand. Alles fokussierte sich auf Elisa. Der war der bekannte Typ. Und der war auch so schrecklich bescheiden. Kein Glanz für Elisa, noch weniger für Gehasi. Und so sehnt er sich nach etwas Ruhm und Glanz. Sicherlich hatte er von Naaman gehört. Der war der politische und militärische Superstar jener Zeit. Einmal wie der sein. Einmal reich und berühmt werden. Das Leben des anderen leben wollen. Sich in ein Idol hineinleben.

Jedoch ist Gehasis Bewunderung nur eine Schwärmerei, eine verständliche allerdings. Vielleicht lässt sich der Unterschied zwischen Schwärmerei und Nachfolge hier recht gut erklären. Gehasi lebt von seiner Struktur her schwärmerisch, eine simple Form der Identifikation. Den glitzernden Widerschein der Taten Naamans im Ansehen durch die Umwelt hätte er auch gerne. Er hätte gerne, was der andere hat. Aber er will nicht tun, was der andere tut und auch nicht leben, wie er lebt. Er will kein Vorbild haben, will selber kein Nachfolger werden. Sondern er will nur den Status kopieren, auch ein bisschen berühmt sein.

Wer das nur will, übersieht leicht die dunkle Seite, den schweren Weg, den der Superstar hinter sich hat. Ist man bereit die dunkle Seite auch anzunehmen, den Preis zu zahlen? Hier liegt auch die unheimlich spannende Pointe der Geschichte. Man könnte annehmen, dass Elisa, als er das mitkriegt, dem Gehasi Pech und Schwefel auf's Haupt regnen lässt. Aber nein. Er sagt ihm auf den Kopf zu: Du hast das Silber und die Kleider genommen, ein kleines Vermögen, und damit bist du ein gemachter Mann. Und es klingt fast wie eine Prophetie (immerhin ist Elisa ja Prophet): Du wirst dir jetzt all das anschaffen, was du erträumt hast – Ölgärten und Weinberge, Schafe und Rinder, Knechte und Mägde. Du wirst den Status eines reichen Mannes erreichen, ein Superstar werden. Aber du wirst auch den Preis zahlen müssen. Und Elisa prophezeit ihm, dass ihn die gleiche Krankheit wie Naaman treffen wird. Und prompt wird er von Lepra befallen, über und über von Geschwüren bedeckt. Ich verstehe dies nicht als Strafe, sondern als Lehrstück über die Konsequenz des Das-Leben-der-anderen-kopieren-wollens. Während Medien unserer Tage uns vorgaukeln, auch so berühmt wie andere sein zu können, wenn von b-, c-, und bald auch von d-Sternchen die Rede ist, deren einziger Verdienst es ist, mal mit einem Superstar abgelichtet worden zu sein, dann merken wir, wie aktuell die Gehasi-Situation ist. Aber auch in meinem Leben gibt es Momente, wo ich wünsche, tauschen zu können, mich nach den Vorteilen eines anderen Lebens sehne. Nur nach den Vorteilen, versteht sich.

Doch noch einen Satz zum Superstar Naaman. Denn auch er bekommt noch eine Lektion erteilt. Die Aufforderung des Elisa, sich siebenmal im Jordan zu waschen (welch schönes Sinnbild für das später von Johannes und Jesus aufgenommene Ritual der Taufe!) verärgert ihn, weil er das Ritual für schlicht banal hält. Er wird sauer, redet über seine enttäuschte Erwartung:

„Ich hätte ja erwartet, dass der Prophet Elisa wenigstens rauskommt und machtvoll den Namen seines Gottes anruft, aber das hier mit dem simplen Bad... ich meine, Flüsse haben wir auch in Syrien genug." Nun zeigt sich jedoch ein weiterer trefflicher Charakterzug des Naaman. Er hat sich mit besonnenen Beratern umgeben, die, als er schon die Koffer gepackt und den Wagen gewendet hat, ihn mit charmanter Logik überreden, die Waschung im Jordan auszuprobieren. Sie scheinen so vertraut, dass sie ihn mit „Lieber Vater" anreden. „Ich mein, was. soll's? Wenn der Prophet Elisa verlangt hätte, auf einem Bein um die Oase zu hüpfen, hättest du es ja auch gemacht, wieso also nicht dich siebenmal im Jordan waschen?" Und der Superstar hört auf die besonnenen Berater. Ohne weiteren Kommentar steigt er ins Wasser und wird gesund.

Diese Heilungserfahrung wird für ihn zur religiösen Erfahrung. Und er, der von allen bewundert wird, dessen Status über allen Zweifel erhaben ist, kehrt um und drückt seinen Respekt für den Gott Elisas aus, nennt sich selber einen Knecht. Vielleicht ist Naaman ein Vorbild, das man nicht kopieren, dem man aber nacheifern kann. Eben trefflich zu sein, „seinen" Job gut zu machen, egal, was zu diesem „Job" gehört, unkonventionelle Wege zu gehen, mit Stil, demütig aber selbstbewusst. Und sich mit guten Freunden und Ratgebern zu umgeben und auf deren Rat zu hören. Woran das wohl liegt, dass seine Diener sich trauen, ihm Ratschläge zu erteilen? Was eine Atmosphäre mag den Mann umgeben haben? Welche Konzentration und Wachheit, Bewusstheit? Und welch Gegensatz zu Gehasi, dem seine Motive wohl kaum bewusst sind? Ob Gehasi wohl auch siebenmal im Jordan gebadet hat?

## *Jezebel*

Eine Szene wie aus einem Traum – oder wie aus der amerikanischen Serie „Game of Thrones" (während meiner krankheitsbedingten Zeit zuhause meinte mein damals 16-jähriger Sohn: *„Papa, du musst Serien gucken. Alle gucken heute Serien"*. Und dann vergeht die Zeit auch viel schneller." Also habe ich zwei Staffeln geguckt und … siehe da, er hatte recht). Eine Prinzessin sitzt am Fenster und blickt hinaus aufs Meer. Auf dem Tisch in ihrem Turmzimmer steht eine Schale mit Orangen und Feigen, draußen schreien die Möwen, Mittelmeerwellen klatschen an die Felsen. Die Stadt, in der ihr Vater König ist, hat den Zenit ihrer Bedeutung zwar schon überschritten, gehört aber immer noch zur Allianz phönizischer Handelsstädte. Es gelang ihrem Vater Itho-Baal oder biblisch Etbaal (kein besonderer Name, zugegeben, mehrere Herrscher in Sidon trugen diesen Namen), sich mit den Syrern gut zu stellen und die Herrscher aus der Salmanassar-Dynastie nicht allzu sehr zu verärgern. So konnte sich Prinzessin Jezebel Hoffnungen machen, entweder mit einem gutaussehenden Prinzen in irgendeiner Partnerstadt von Sidon verheiratet zu werden oder aber in die Elite am syrischen Hofe von Damaskus einzuheiraten. Mädchenträume. Sie sitzt am Fenster und blickt übers Meer.

Und dann erlebt Prinzessin Jezebel es, dass das Schicksal eben nicht nach den Träumen und Plänen fragt. Die Tür öffnet sich und sie wird zu ihrem Vater zitiert. Der eröffnet ihr knapp, dass für sie eine Vermählung mit dem König eines benachbarten – schon im Abstieg begriffenen - kleinen Königreiches geplant ist. Statt frischer Orangen am Meer oder Badeluxus in Damaskus eine staubige Burg in der neuen Retortenstadt Samaria. Fernab von Kultur und Luxus soll sie als Gebärmaschine einem kleinen Despoten dienen, eine politische Zweckheirat, um einen Bundesgenossen gegen die mächtigen Syrer zu haben.

So ist das eben. Gerade noch geträumt und nun erlebt Jezebel ein Ausgeliefertsein, eine Ohnmacht gegenüber dem Schicksal. Wie später James Brown sang: „It's a man's world..." Es war eine patriarchalische Welt, in der in der Regel Männer bestimmten und der Lebensweg einer Königstochter vorgezeichnet schien.

Spannend ist nun, wie Prinzessin Jezebel dieses ohnmächtige Ausgeliefertsein an ein blindes Schicksal verarbeitet. Und hierzu erzählt die Bibel eine Geschichte über Prinzessin Jezebel, eigentlich eine Doppelgeschichte. Denn Jezebel hat ein namenloses Double, eine Frau, aus der Nachbarstadt von Sidon, ähnlich wie Jezebel einem blinden Schicksal ausgeliefert. Doch später mehr davon.

Jezebel empfindet sich als Spielball des Schicksals. So erlebt sie ihr Leben. Gott würfelt nicht? Von wegen. Die Götter würfeln und so verschlägt es sie zu dem launischen Ahab in sein kleines israelitisches

Reich. Ganz allgemein versucht sie sich in dieser Ein-
öde, diesem provinziellen Kaff mit seiner obskuren
Religion (einem Gott, den man nicht sehen kann und
dem man auch keine Statuen errichtet) einzurichten.
In einer vormodernen Art der Emanzipation bringt sie
selbstbewusst ihre eigenen Statuen mit und verlangt –
ganz im Sinne eines modernen culture sharing –, dass
auch ihre Religion gewürdigt wird, auch ihre Götter
Baal, Astarte (seine Frau) und deren Sohn Eschmun
angebetet werden. Wenigstens dem Baal sollen ein
paar Stelen errichtet werden. Man muss hier anmer-
ken, dass ihre Religiosität so unbeliebt nicht war. Es
gab in Israel einige Edle, die durchaus mit dem eher
internationalen Kult einer Göttertrias sympathisierten
und denen der absurde Wüstenkult um einen unsichtbaren Jahwe schon lange zum Halse raushing, aber es
gab eben auch eine konservative, oft bäuerlich ge-
prägte religiöse Schicht von Anhängern des Jahwe-
Kultes, für die diese moderne Frau ein Gräuel war.

Und zu diesem – aus biblischer Sicht verurtei-
lungswürdigen – Götterkult erzählt die Bibel nun eine
Geschichte, wie Jezebel selber Schicksal spielt. Die-
jenige, der vom Schicksal so übel mitgespielt wurde,
die wird nun selbst zur Schicksalsgöttin, die einen
Menschen ins Verderben reißt.

Anlass dafür ist eine Verstimmung ihres Mannes
Ahab. König Ahab, sonst durchaus nicht zimperlich,
ein Machtmensch, gelingt es nicht, einem Nachbarn
einen Weinberg abzuhandeln. Einen wesentlichen

Deut (wenn auch nur einen Deut) schöner als das staubige Samaria war der Palast, den Ahab in Jesreel hatte und von dessen Zinnen man über die gleichnamige Ebene wenigstens bis zum Meer gucken konnte oder von dem aus man einen Wochenendausflug ans Meer machen konnte, der halt ein bisschen mehr Weitsicht gestattete als das von Hügeln umgebene Samaria, das Ahabs Vater hatte erbauen lassen. Die Jesreel-Ebene war fruchtbar und ganz im Sinne regionalen Bio-Anbaus und der Selbstversorgung hätte Ahab gerne einen Gemüsegarten (Luther übersetzte: ‚Kohlgarten‘, wie charmant!) angelegt. Dazu musste er seinem Nachbarn Nabot einen Weinberg abhandeln. (Irgendwie schon lächerlich, dass aus einem traditionellen Weinberg, der seit Generationen in einer Familie ist, jetzt des Königs Kohlgarten werden soll.) Ahab hatte das – obwohl König – zunächst auch ganz kaufmännisch korrekt angeboten, hatte Nabot ein Grundstück zum Ausgleich oder auch den Wert in Silber offeriert, jedoch dieser hatte abgelehnt. Begründet hatte Nabot dies mit den religiös verstärkten Vorschriften, das Erbe der Väter in der Familie zu halten. Dies waren Rechtsvorschriften, über die sich auch ein König nicht leichtweg hinwegsetzen konnte. Und weil Ahab dies wusste, schmollte er. Es schlug ihm auf den Magen.

Und hier kommt in der biblischen Geschichte Jezebel ins Spiel. Sie bemerkt die depressive Verstimmung ihres Mannes und erkundigt sich nach dem Grund. Als sie diesen erfährt, wird ihr altes Gefühl der Ohnmacht getriggert. Ohnmächtig sein wollte sie nie mehr und auch ihr Mann soll das nicht. Und sie will nicht dabei zusehen, wie er wegen einer Lappalie den Appetit verliert. Also handelt sie, appelliert daran, dass er doch König sei und sich nicht von der Depression übermannen lassen sollte. Ganz im Sinne einer Selbstprogrammierung fordert sie ihn auf „guten Mutes" zu sein. Sie wolle sich um das Problem kümmern.

Und nun spielt Jezebel Schicksal. Die vom Schicksal geschlagene Prinzessin schlägt zurück. Beziehungsweise schlägt Nabot. Lässt schlagen. Sie schreibt einen Brief, in dem sie die Bürgermeister und Stadtoberen auffordert, ein Fest mit vorangehendem Fasten anzusetzen, Nabot zum Präsidenten des Festkomitees zu ernennen und ihn dann durch falsche Zeugen der Gottes- und Königslästerung beschuldigen und bestialisch umbringen zu lassen. Der Plan wird ausgeführt, alles läuft wie befohlen, Nabot wird gesteinigt, der Acker ist nun herrenlos und Ahab kann ihn sich problemlos aneignen. Schicksal? Jezebel!

Hier rächt sich eine Frau, die verschachert wurde. Und sie verschachert das Leben eines unschuldigen Mannes. It's a man's world. Und genau mit dieser „männlichen" Härte lässt sie einem unschuldigen Menschen Gewalt antun, initiiert seinen Tod, ohne dass der eine Ahnung hat, wie ihm geschieht. Es ist eine kontraphobische Reaktion. Sie, die Ohnmacht erfahren musste, übt nun Macht aus.

Die Bibel verurteilt Jezebels Tun. Und so prophezeit der Prophet Elia ihr ein schreckliches Ende. Sie, die sich mit einem – zugegeben durchaus modernen – Pragmatismus nahm, was sie wollte, sollte später auf schreckliche Weise umkommen, aus dem Fenster gestürzt von zwei Kammerdienern, die sich – völlig pragmatisch – bei Ankunft des wilden von der konservativen Gegenbewegung unter dem Propheten Elisa nach Ahabs Tod eingesetzten Gegenkönigs Jehu vor den Mauern der Burg Jesreel angesichts dessen Frage, wer denn im Hinblick auf die drohende Belagerung auf seine Seite wechseln wolle, nicht lange zögern und Jezebel in die Tiefe werfen. Und ihr zerfetzter Leichnam wurde von den Hunden der Stadt gefressen. Drama, Baby.

Natürlich gilt die phönizische Prinzessin im Kontext der Bibel als Sinnbild des Bösen, als Verführerin Ahabs auch – Eva lässt grüßen. Aber sie ist auch eine tragische Figur. Es ist eine Frau, der übel mitgespielt wurde, die – vermutlich – an den israelitischen König Ahab verheiratet wurde, um ein politisches Bündnis zu schmieden, die eine Männerwelt als brachiales Schicksal erlebte, das ihr widerfuhr und die deswegen mit der gleichen „männlichen" Gewalt Schicksal spielte und daran scheiterte.

Eine Bewertung der Tragödie ist hier nicht vorgesehen. Ich möchte bloß auf eine kleine Geschichte einer kleinen namenlosen Frau aus der Nachbarstadt von Sidon, dem kleinen Zarpat hinweisen, die die Bibel hier ebenfalls erzählt, die sie zwischen die Geschichten von Ahab und Jezebel einstreut. Auch hier ist eine Frau vom Schicksal hart getroffen. Ob diese

Frau von einer anderen Ehe oder Karriere geträumt hat, steht hier nicht zur Debatte. Sie war verheiratet, nun allerdings verwitwet. In einem Städtchen wie Zarpat, in dem fast jeder Mann als Fischer sein Geld verdiente, war der Tod des Mannes fast ein Todesurteil für seine Familie. Vermutlich hat sie sich durch kleine Hilfsarbeiten eine Zeit über Wasser halten können, aber es gab ja keine Fischereiindustrie und das Ausnehmen und Verkaufen der Fische wurde von den anderen Familien der jeweiligen Fischer übernommen. Und so bedeutend wie das 15 km entfernte Sidon war Zarpat längst nicht. Keine andere Chance auf einen anderen Verdienst. Diese Witwe musste sich ebenso einem unbarmherzigen Schicksal ausgeliefert erleben wie Prinzessin Jezebel. Keiner hatte sie gefragt, ob es ihr recht war, dass ihr Mann gestorben war. Ihr Sohn nun ohne Vater. Und schließlich hatte sie den sicheren Hungertod vor Augen.

Diese Frau war vom Schicksal ebenso an eine unbarmherzige Männerwelt verschachert worden. Und nun ging sie aus ihrer Hütte, um am Stadttor ein wenig dürres Holz aufzulesen, um mit der letzten Handvoll Mehl und den letzten Tropfen Öl ihrem Sohn und sich ein letztes warmes Mahl zuzubereiten. Schicksal. Und während die namenlose Frau das Holz aufliest, kommt der biblische Prophet Elia zum Stadttor von Zarpat. Und dieser Prophet fordert von ihr, ihm mit einem Schöpfgefäß Wasser aus dem Stadtbrunnen zu reichen. Und in typisch männlicher Currywurst-Attitüde ruft er ihr nach: „Bringe mir auch einen Bissen Brot

mit!" Klasse! Als hätte die arme Frau nicht schon genug Sorgen, begegnet ihr hier jemand, für den sie so
leicht Schicksal spielen könnte. Sie, der das Schicksal
so brutal mitspielte, steht jetzt vor der Wahl, Schicksal
zu spielen oder demütig der Aufforderung des unbekannten Mannes nachzukommen.

Und diese Frau macht nun etwas Entscheidendes
richtig. Sie thematisiert ihre Verlorenheit, redet über
ihre Ohnmacht. „Ich habe nichts Gebackenes, nur eine
Handvoll Mehl im Topf und ein wenig Öl im Krug
und ich habe ein Scheit Holz oder zwei aufgelesen und
gehe heim und will mir und meinem Sohn zurichten,
dass wir essen – und sterben." In schlichten Worten
schildert sie ihr Elend. Schicksal. Erbarmungslos.
Keiner wird gefragt. Sie bittet nicht. Sie betet nicht.
Überhaupt wird über die Religiosität der Frau nichts
gesagt. Kann sein, dass sie dem israelitischen Jahwe-
Kult anhing, kann sein, dass sie Baal verehrte, vielleicht war ihr angesichts ihrer Situation und des
Schicksals auch jeder Glaube abhandengekommen,
suspekt.

Die Bibel erzählt hier ein Happy-End. Mit einem
Brotwunder sorgt der Prophet Elia dafür, dass das
Mehl im Topf und das Öl im Krug nicht leer werden.
Und obendrein erweckt der Prophet auch den gestor-
benen Sohn der Witwe wieder zum Leben.

Ich sehe natürlich die Absicht der biblischen Autoren, die Moral und die ganze Chose. Okay. Aber spannend bleibt für mich der Vergleich zwischen Jezebel

und der namenlosen Frau. Was tun angesichts eines wütenden Schicksals? Ich weiß auch nicht. Meine eigene Krankheit erlebe ich als einen solchen Schicksalsschlag. Und nun? Wer die Ohnmacht erlebt, sehnt sich danach, irgendwann auch mal wieder alles im Griff zu haben. Habe ich nicht und werde ich nicht. Man hat mir gesagt, der Krebs sei nicht heilbar. Aber ich will gerne in der Zeit, die ich habe, versuchen, statt mich am Schicksal zu rächen, indem ich Macht über andere ausübe, zuerst sprachfähig zu werden und dann bescheiden mein Leben zu teilen.

# D'Haram el Diir

*Auch hier eine Vorbemerkung. Der Name ist natürlich erfunden, eine Anspielung auf eine Kamelart als sprachliches Spiel mit dem Spitznamen eines amerikanischen Politikers im 2. Jahrzehnt dieses Jahrhunderts, dem Trump-eltier.*

*Dieser Text soll hier nicht als politischer Text anderen unpolitischen Texten gegenüberstehen. Unpolitisch zu sein geht ja auch heutzutage gar nicht mehr. Im Vordergrund steht aber das Experiment mit der Sprache. Wie wäre es, wenn in diesen Jahren eine neue Bibel geschrieben würde? In der vertrauten Luther-Sprache, die Generationen von Christen in Deutschland so vertraut war/ist? Für mich entsteht so eine sonderbare Nähe unserer Zeit zu der Zeit des Alten Testamentes. Vielleicht könnte man ja noch viel mehr Zeitgeschichte in solch alten Versen notieren?*

## Kapitel 1 – Das Bündnis von D'Haram el Diir und Netanja

*1. Es begab sich aber im dreizehnten Jahr des Königs Netanja von Juda, dass D'Haram el Diir König der Erikaniter wurde. 2. Dies geschah zu der Zeit, als Benhassad König von Syrien war. 3. Und D'Haram el Diir sprach zu dem König Netanja: „Wohlan, so schließe nun einen Bund mit mir und lasse uns die Völker groß machen und die Baalsdiener aus dem Gebiet der Erikaniter und aus Juda vertreiben. 4. Und diese Worte gefielen dem König Netanja gut und er sprach: „Gesegnet seist du, D'Haram el Diir, denn der HERR ist mit dir und dem, was du tust." 5. Zu jener Zeit fielen nämlich immer wieder streifende Horden von Philistern ins Land Juda ein. 6. Und D'Haram el Diir sprach: „Bitte deinen Gott, dass er Gnade schenke zu unserem Feldzug und befrage Du auch die Propheten in deinem Lande, ob der HERR wohl gnädig auf unser Tun sehe." 7. Und Netanja sprach: „So wahr der HERR lebt, ich will hören auf des HERRN Wort und will den Propheten Mossa befragen, was des HERRN Spruch sei." 8. Und Netanja ging hin zum Propheten Mossa und bat ihn: „Sage mir den Spruch des HERRN, ob es uns gelingen wird, die Philister und Baalsdiener aus Juda zu vertreiben und ein Zeichen aufzurichten, dass das Land das Land des HERRN sei." 9. Und der Prophet Mossa sprach: „Ziehe hin, dass du sie vertilgest, denn der HERR ist mit dir!" 10. Und Natanja sandte Boten zu D'Haram el Diir und ließ ihm ausrichten: „So spricht der HERR: Ich gebe Segen zu deinem Tun, dass du die Philister und Baalsdiener mit der Schärfe des Schwertes schlagest und sie aus Israel, Juda und dem Gebiet der Erikaniter vertreibest. 11. Und so zogen D'Haram el Diir hin mit all seinem Heer und auch Natanja von Juda mit seinem Heer und sie vertrieben die Philister aus den Grenzstädten Judas und die Baalsdiener aus den Städten Judas, Samarias und dem Gebiet der Erikaniter. 12. Und sie vertrieben sie nicht nur, sondern erschlugen auch viele mit der Schärfe des Schwertes. 13. Und als sie gemeinsam nach Jerusalem kamen,* sprach *D'Haram el Diir zu Natanja: „Wohlan, der HERR hat Segen gegeben zu unserem Tun, 14. lass uns ein Brandopfer darbringen und ein Zeichen (gemeint ist hier: eine Stele) aufrichten zu künden von der Größe der Erikaniter und der Juden und dass keiner sie zu besiegen vermag. 15. Und Natanja gefiel diese Rede gut. 16. Und so ließ Netanja Gold und Erz heranschaffen aus den Städten, aus denen sie die Baalsdiener vertrieben hatten. Und er ließ ihre Götzenbilder einschmelzen 16. und mit dem Gold ließ er ein Standbild anfertigen, das Bild eines Kriegers. 17. Unter dem Stand geschrieben: „Groß ist die Kraft der Erikaniter und der Judäer, keiner vermag ihnen zu widerstehen." 18. Und D'Haram el Diir gefiel dieses Bild und sein Gefolge kniete nieder vor ihm. Und er machte auch die Hauptleute der Philister, die er gefangen hatte, vor dem Bild niederknien." 19. Und auch alles Volk zu Jerusalem fiel vor dem Bild nieder. 20. Und Netanja gebot, dass es ein Festmahl für alles Volk geben sollte. 21. Und so geschah es, dass alles Volk von Juda und die erikanäischen Krieger ein großes Festmahl hielten und aßen und tranken sieben Tage lang. 22. Es erhob sich aber ein großes Geschrei unter ihnen. 23 Und sie sprachen untereinander: „Wer ist so groß wie das Land der Erikaniter und Judäer?"*

*24. Aber das Wort der HERRN geschah zu dem Propheten Amodaj, als er wohnte in Beerscheba. Und der Prophet machte sich auf gen Jerusalem. 25. Und es geschah aber am siebenten Tag des Festes, dass der Prophet Amodaj aufstand am Schaftor und mit lauter Stimme sprach: 26. „O höret, ihr Einwohner von Juda und ihr Erikaniter, so spricht der HERR: 27. Ich habe keinen Gefallen am Tode des Gottlosen, sondern dass er lebe und ablasse von seinen Wegen. Und ich mag nicht eure Stelen, auf denen ihr das Land und das Volk und euren Ruhm preist. Lasst stattdessen Gnade strömen aus Jerusalem, spricht der HERR. 28. Und D'Haram el Diir sprach zu Netanja: „Du sagtest, du habest den Herrn befragt und nun steht hier ein Prophet des HERRN auf und spricht wider alles Volk!" 29. Und Netanja gebot dem Propheten Amodaj zu schweigen. Aber dieser hob nur umso lauter an und sprach: „So spricht der HERR: Ihr sehet nur auf euren Ruhm, deswegen sollt ihr zuschanden werden, wie ihr die Baalsdiener habt zuschanden werden lassen." 30. Da stand auf der Prophet Mossa und stieß den Prophten Amodaj seinen Dolch in den Leib, dass er auf der Stelle starb. 31. Und Mossa sprach: „So wird es allen ergehen, die die Ehre des HERRN und die Ehre der Erikaniter und Judäer beschmutzen, so wahr der HERR lebt. 32. Und alles Volk hob einen lauten Jubel an. Aber einige von den Judäern gingen hin und nahmen den Leichnam des Propheten Amodaj und begruben ihn. 33. Und nach den Tagen des Festmahls zog aber D'Haram el Diir in das Gebiet der Erikaniter.*

## *Kapitel 2 – Von der großen Mauer des D'Haram el Diir*

*1. Und es begab sich aber nach diesen Tagen, dass Horden der Latinamer Streifzüge in das Gebiet der Erikaniter unternahmen. 2. Und sie vertrieben die Erikaniter aus vielen Städten und wohnten daselbst. 3. Und das Volk der Erikaniter murrte wider D'Haram el Diir und sie sprachen: Herr, schaffe uns Recht wider die Latinamer, dass du sie vor uns vertreibest. 4. Und D'Haram el Diir sandte Boten zu Netanja von Juda und ließ ihm ausrichten: "Dermaleinst half ich dir wider die Baalsdiener und Philister, nun helfe du mir und zieh herauf und hilf mir wider die Latinamer." 5. Doch Netanja antwortete und sprach: „O, mächtiger D'Haram el Diir, wisse wohl, dass die Horden der Latinamer zahlreich sind wie der Sand des Meeres. Du magst wohl Tausende erschlagen, so werden doch Zehntausende kommen und das Land bevölkern. Spruch des HERRN."6. Denn auch Natanja diente dem HERRN unter den Propheten. 7. Darum sprach Netanja weiter: „So wird es nichts nützen, die Latinamer mit der Schärfe des Schwertes zu schlagen. Ich will dir aber sagen, was du tun sollst. Gehe nun hin und baue eine Mauer um deine Städte und dein Land. Baue sie hundert Ellen hoch und verstärke sie mit Erz aus Tyrus und Sidon, so wird dein Land Frieden haben. 8. Ich will aber kundige Bauleute entsenden und den Propheten Mossa, die mögen dir Weisung geben und helfen, dass dein Werk gelinge." 9. Und so sandte König Netanja den Propheten Mossa und viele Bauleute, und sandte auch Erz und Gold und ließ von den Zedern des Libanon hinschaffen ins Land der Erikaniter. 10. Denn zu jener Zeit war König Netanja sehr reich. 11. Und D'Haram el Diir baute eine Mauer um sein Land und seine Städte und machte die Mauer fest und stark und kein Latinamer vermochte sie zu besteigen. Und D'Haram el Diir machte die Mauer um alle seine Städte und sein Land 12. und das Volk der Erikaniter murrte nicht mehr wider D'Haram el Diir. 13. Es begab sich aber drei Jahre nachdem D'Haram el Diir die Mauer hatte bauen lassen, dass der Himmel seine Schleusen öffnete und es zu regnen begann ohne Unterlass. 14. Und die Bäche vom Gebirge schwollen an und wurden zu Flüssen. Und die Flüsse im Lande der Erikaniter wurden zu gewaltigen Strömen. 15. Und im Lande Juda und in Israel lobten die Leute den HERRN dass er es regnen ließ und die Erde tränkte und die Erde hervorbrachte Gras und Früchte in Fülle. 16. Aber im Lande der Erikaniter schwollen die Flüsse weiter an und traten über die Ufer, denn D'Haram el Diir hatte die Mauer stark und fest gebaut, mit nur kleinen Öffnungen für die Bäche seines Landes, auf dass sie leicht zu verteidigen wäre. 17. Und die Wasser konnten nicht weichen und überfluteten das ganze Land der Erikaniter. 18. Und ihre Städte wurden voll mit Wasser und es kamen mehr Erikaniter darin um, als durch die Latinamer geschlagen worden waren. 19. Und D'Haram el Diir sprach zu dem Propheten Mossa: „Schlechten Rat gabst du mir, denn was Segen war, wird mir nun zum Fluch. Siehe, das Volk murrt, denn nun müssen sie* sterben." 20. Und Mossa entgegnete: „So wahr der HERR lebt, du sollst nicht sterben, sondern fliehe gen Osten und nimm dir Bauleute mit, dass du eine Bresche in die Mauer schlagest und den Wassern entkommest. Und ich will mit dir sein und du sollst leben, so wahr der HERR lebt." 21. Doch D'Haram el Diir sprach zu seinem Leibwächter: „Ich will gen Osten gehen, doch der Prophet Mossa soll nicht mit hinziehen. Deshalb erschlage du ihn." 22. Und sein Leibwächter tat's und hieb ihm den Kopf ab. 23. Und D'Haram el Diir nahm seine Leibwache und Bauleute und begab sich gen Osten und ließ eine Bresche in die Mauer machen und entfloh den Wassern. 24. Die Bäche und Flüsse und Ströme aber überfluteten das ganze Land und viel Volk der Erikaniter kam um und der Rest wurde zerstreut über viele Lande. 25. Und so blieb nichts von ihrem Reich, König D'Haram el Diir aber ward gesehen am Hofe Benhassads von Syrien. Aber hernach ward er nicht mehr gesehen.

## *Jesus als Teenager*

War Jesus auch mal weniger schlau? War er auch mal weniger heilig? Was die Frage soll? Na, ganz einfach, es gibt in der Bibel einen kleinen Vers, der genau das aussagt. Jesus war nicht von Anfang an so weise. Und auch sein himmlischer Vater war ihm nicht von Anfang an in gleicher Weise wohl gesonnen. Sie glauben mir nicht? Steht aber in der Bibel. Und damit ist nicht nur gemeint, dass er als Säugling in die Windeln gemacht hat, nein, die Bibel sagt ausdrücklich am Ende von Lukas 2, dass Jesus zunahm an Weisheit, Alter und Gnade bei Gott und den Menschen.

Und das ist jetzt ja nun ganz einfach. Wenn er zunahm, gab es da vorher noch nicht die ganze Fülle. Gott hat ihn offensichtlich immer lieber gewonnen. „Aber er nahm zu an Gnade bei Gott." Vielleicht sehen wir hier die Begründung, weshalb biblische Redakteure manche Kindheitsgeschichten Jesu „fröhlich in die Tonne gekloppt" haben, will sagen, nicht in ihr Evangelium mit aufgenommen haben. Jesus war mit 5 Jahren eben noch kein Heiliger, der schon gestorbene Spatzen und verunglückte Bürger zum Leben erweckte – das ist Fantasy. Deswegen gehörte es für Lukas nicht in die Bibel. Viel interessanter ist, sich Jesus als Kind oder Teenager vorzustellen, dessen Vater sich über die zunehmende Reife seines Kindes freut und dessen „Gnade bei Gott" noch zunimmt. Doch was heißt das?

Gewöhnlich wird uns unser Glaube verbieten, uns Jesus als pubertären Rüpel vorzustellen, der eben noch nicht das volle Maß der „Gnade bei Gott" hat, welches dann aufgrund nicht überlieferter Reifungsprozesse im Laufe der Zeit erreicht wird. Hier möchte ich Ihnen ein Buch oder noch dazu das Erlernen des Schwedischen anbefehlen, da dummerweise das Buch nur in der Originalsprache vorliegt. In seinem Roman „Ökenbrevet", dem Brief aus der Wüste, erzählt der schwedische Romanautor Göran Tunström (mit dessen Familie meine Mutter während ihres Schwedenaufenthaltes Anfang der 60er Jahre Bekanntschaft schloss – welch schöner Zufall! Ich ahne, der Krebs lässt mir nicht mehr die Zeit, mich an der Übersetzung zu versuchen), die Kindheit und Jugendzeit Jesu und dabei auch seine Freundschaft zu Johannes dem Täufer. War Jesus auch mal zornig? War er ungehalten? Hat er geschwindelt, um Fehler zu vertuschen? Waren seine Eltern manchmal sauer auf ihn?

Ich bin in der glücklichen Lage, dass zu unserer Patchworkfamilie fünf Kinder gehören. Und ich kann das nur bestätigen – sie nehmen zu an Alter und Weisheit. Aber nehmen sie auch zu an Gnade bei Gott? An Gnade bei ihren Eltern? Vermutlich nicht in dem Sinne, dass man ihnen zusprechen möchte: „Ach, jetzt habe ich dich graduell lieber als früher." Aber je älter die Kinder werden, auf desto mehr gemeinsame Geschichte guckt man (in unserem Fall dankbar) zurück. Nicht dass ich sie lieber als früher hätte, aber es ist einfach viel mehr an gemeinsamer Geschichte da, an

Glück und Unglück, auch an Momenten, in denen man ihnen gnädig verzeihen musste – und sie einem.

So bleiben dies freilich nur Annäherungen an das, was mit dem Ausdruck, dass Jesus zunahm an Weisheit und Gnade bei Gott und den Menschen, gemeint sein könnte. Aber ich finde es schon spannend, sich vorzustellen, dass auch der junge Jesus sich entwickelt hat und dass Gott daran offensichtlich Gefallen fand.

Aus dieser Aussage folgt nun mehr als die pädagogische Mahnung, Kindern den Raum für Entwicklung zu geben. Sie steht im Gegensatz zu unserer Vorstellung, dass Gott in seinen Emotionen und Haltungen unveränderlich ist. Bei seinem eigenen Sohn ging es ihm zumindest nicht so. Er würde sagen: „Also, ich habe den immer lieber gewonnen!" Oder auch: „Am Anfang war er ja noch etwas grün hinter den Ohren, aber er hat sich toll entwickelt". Und: „Ich habe immer mehr Spaß – oder halt, nein, Gott hat keinen „Spaß", er hat „Freude" – ihn in seiner Entwicklung zu beobachten.

Und diese Aussage hat natürlich Konsequenzen dafür, wie wir uns Gottes Gedanken über unsere eigene Person vorstellen, eben nicht nur statisch (etwa im Gegensatzpaar „gerettet" – „verloren" oder auch „heilig" – „weltlich"), sondern dynamisch. Könnte doch sein, dass Gott neugierig ist auf die Entwicklung, die die Persönlichkeit eines Menschen nimmt. Und das muss ja auch mit 18 Jahren nicht aufhören.

Die Vorstellung eines neugierigen Gottes mag natürlich mit dem althergebrachten Attribut der Allwissenheit kollidieren, aber mit der Allwissenheit ist es ohnehin nicht so leicht. Besonders an der Theodizee-Frage zerbricht diese Vorstellung für viele junge Menschen in den Klassen, die ich unterrichte.

Und vielleicht wurde der Vers nicht zufällig ans Ende des zweiten Kapitels im Lukasevangelium gesetzt, direkt hinter eine Geschichte, in der der beginnende Teenager im Tempel mit seinen schlauen Sprüchen und seiner jugendlich-selbstbewussten Art (*„Na, klar, muss ich im Haus meines himmlischen Vaters sein!"*) für Furore gesorgt hatte. Und das direkt nach einer Suchaktion. Der kleine Kerl! Macht sich keinen Kopp darum, dass ihn Mutter und Vater vielleicht suchen. Ist so ergriffen von der Leidenschaft, endlich mitdiskutieren zu können und zu wollen. Mit der Begeisterung eines Teenagers, der vielleicht zu meiner Zeit seinen ersten Hesse las und ein Erwachen des Bewusstseins erlebte. Na, klar. Hier will er weitermachen, weiterreden, kritisch nachfragen. Und natürlich an dem Ort bleiben, wo man fragen darf. Mutter, Vater, Essen, Regeln? Egal! Wenn einer so auftrat, dann schmunzelte man: Na, der wird noch einiges lernen müssen. Tat er. Und nahm zu an Alter, Weisheit und Gnade bei Gott und den Menschen.

Vielleicht gehört eben beides zusammen. Einerseits die pubertäre Suchbewegung. Und gerade diese pubertierenden kleinen Jesusse erleben dann die Zunahme an Weisheit und an Gnade bei Gott und den

Menschen. Dabei könnte Zunahme an Gnade natürlich auch bedeuten, dass es immer mehr Situationen gab, in denen Gott und auch die Menschen wirklich gnädig sein mussten, nicht zu hart urteilen durften. Erbarmen – zu spät – die Jesusse kommen.

# Jesus als Teenager

## *Jesus an Regentagen*

Na, das ist ja jetzt nicht sonderlich kompliziert. Das verstehen Sie leicht. Es handelt sich nicht um einen Regentag, wie wir ihn heute erleben, „Regentag" ist nur ein Synonym für einen Aspekt des Auftretens Jesu, wie er halt an einem Regentag stattgefunden haben könnte. Ich will nur eine kleine Szene herauspicken und Ihnen anhand dieser Szene einen anderen Jesus vorstellen. Oder zumindest Fragen stellen, die die Existenz eines anderen Jesus ermöglichen.

Und wieder vermuten Sie richtig, wenn Sie vermuten, dass mich der historische Jesus hier nicht ganz so sehr interessiert, wie das, was wir aus ihm machen. Doch bevor wir uns die Szene aus dem Johannesevangelium ansehen, möchte ich Ihnen ein doppeltes Bild vor Augen malen, ein Bild unserer christlichen Existenz und der Kirche im 21. Jahrhundert.

Vermutlich würden die meisten Christen Jesus als psychisch gesunden, dynamischen Gottessohn beschreiben, der – mehr oder weniger geplant – seine Zeit im Palästina vor 2000 Jahren mit Wundern und Wandern zubringt und schließlich entweder einfach durch eigenes Verständnis, mit seinem Tod das anbrechende Gottesreich ganz offenbar werden zu lassen oder dadurch, dass es ihm schlicht widerfährt, dass in sonderbarer Melange von Gottes Handeln und den wohl- oder übelmeinenden Plänen des Judas Iskarioth er sich in fremde Pläne eingefügt erleben muss, jedenfalls am Kreuz landet und stirbt. Und aufersteht. Soweit christliches Glaubensgut. Doch da sind wir in Johannes 7 noch nicht.

Dazu kommt oft unsere Bewunderung für Jesu Klarheit in Handeln und Wort. Wie in der Bergpredigt überliefert, schien Jesus der typische Ein-Mann-ein-Wort-Typ zu sein. Eure Rede sei ja, ja, nein, nein, alle Beschwörungsformeln sind von Übel. Und hier bietet sich Jesus als Projektionsfläche unserer eigenen Sehnsucht an. Ach, wäre es uns doch auch möglich, immer so klar zu sagen, was wir wollen und was nicht!

Es scheint ein Grunddilemma unserer Existenz zu sein, dass wir im einen Moment „ja" sagen und im nächsten „nein" empfinden. Und dieses Grunddilemma scheint sich in unseren Alltag bis hinein in unsere Partnerschaften auszuwirken. Manchmal sagen wir „ja", ein paar Augenblicke später würden wir eigentlich „nein" sagen wollen. Und trauen uns nicht, weil wir uns die Unsicherheit des Lebens kaum eingestehen mögen. Und andere nicht enttäuschen wollen.

Und da steht uns nun Jesus vor Augen, der Heiland, der in unmissverständlicher Klarheit „ja" sagt und „ja" meint und das auch durchhält. Endlich einer, der uns hier mit seiner Leuchtkraft voran geht und der zur Identifikation einlädt. Klarheit und Konsequenz, Eigenschaften, die wir bewundern und an denen wir uns ausrichten. Bloß davon, dass wir sie Jesus zuschreiben, haben wir sie noch nicht, auch wenn wir im Sinne paulinischer Ethik beten, dass wir langsam, aber stetig verwandelt und in das Bild Christi hineingestaltet werden. So weit wir.

Für die Kirche gilt das natürlich nicht in gleicher Weise, da ein sozialer Organismus natürlich anders „tickt", aber meiner Wahrnehmung nach gibt es seit ca. 30-40 Jahren einen Trend hin zur Planbarkeit, zur Machbarkeit, zur Übertragung von Ideen, die aus dem Management-Bereich und der Wirtschaft importiert werden und die bei der Übertragung auf Kirche Wachstumseffekte verheißen. In meiner Zeit als Pastor einer kleinen Baptistengemeinde und auch vorher schon gab es Projekte, Fortbildungen, Strategien zum Gemeindewachstum und auch die Evangelische Kirche hat sich davon anstecken lassen. Manches davon geschah vermutlich in Antizipation eines dynamischen Jesus, der Aufträge erteilt (Missionsauftrag) und deren Umsetzung segnend erwartet.

Doch ist Jesus wirklich der dynamische Herr, der sagt, was er meint? In einer kleinen Textpassage in Johannes 7 wird meiner Meinung nach ein anderer Jesus beschrieben. Vorneweg ein kurzer Blick auf das, was Johannes in Kapitel 6 berichtet. Unser eigentlicher Text wird mit einem platten ‚Danach' angeschlossen. Nicht unbedingt zeitlich direkt anschließend, sondern auch als Reaktion auf die Ereignisse in Kapitel 6. Was bietet dieses Kapitel? Die Speisung der 5000, Jesu Gang auf dem Wasser und den Streit darüber, wie ein ortsbekannter Handwerkersohn behaupten konnte, das Brot des Lebens zu sein, ewiges

Leben geben zu können und letztlich Gottes Sohn zu sein. Das empfanden viele als anmaßend. Mancher konnte da nicht mehr mit. Und auch im engsten Jüngerkreis gab es ein flammendes Bekenntnis und leise Zweifel. Soweit die Vorgeschichte, die deutlich macht, dass Jesus eine Menge erlebt hatte. Er hatte Stoff zum Nachdenken. Mehr als genug.

Kapitel 7 fängt damit an, dass Jesus in Galiläa umherzieht, weil ihm in Judäa nach dem Leben getrachtet wurde. Jesus zieht umher. Meine Fahrten heute sind zielorientiert. Ich besuche meine Mutter in Frankfurt, Kinder in Darmstadt oder Hildesheim, Freunde hier, gehe zum Konzert in Mainz und fahre wieder heim. Aber es kommt fast nie vor, dass ich umherziehe. Bin ja auch kein Nomade. Und Jesus war auch kein Nomade. Und trotzdem zog er umher. Allein dies macht mich neugierig. Vielleicht brauchte er dieses Umherziehe, weil er Zeit brauchte, all das zu verarbeiten, was er in Kapitel 6 erlebt hatte. Eine Zeit des innerlichen Sortierens. Aber wieso dann umherziehen? Reisen, eine feine Staubschicht neuer Eindrücke über die alten legen. Mit entfernten Freunden reden oder auch mit neuen Menschen mit neuen Sichtweisen, mit Menschen, die einen nicht immer bestätigen, die man schon lange kennt und deren Bestätigung man erwartet. Der Musiker Bruce Cockburn schrieb seine besten Songs unterwegs, auf Reisen. Vielleicht auch ein Herausfallen aus Planung, und Struktur und ein Sich-einlassen auf Unsicherheit, Zufall und Rätsel. Und nun geht es los:

Jesu Brüder kommen zu ihm und fordern ihn auf, nach Jerusalem zum Laubhüttenfest zu gehen, sich öffentlich zu seinem Heilsauftrag zu bekennen und sich mit Wundern zu legitimieren. „Wer das tut, was du tust, der muss sich doch öffentlich zu dem bekennen." Redefreiheit contra kryptisches Handeln. „Wenn du das alles tust, dann zeige dich der Welt!" Der Bibeltext wertet diese Aufforderung von Jesu leiblichen Brüdern als Zeichen des Unglaubens. Und Jesus sagt ihnen, sie sollten ruhig hinaufgehen, es sei für sie kein Unterschied, sie würden ja nicht angefeindet, aber er würde wegen seiner Gesellschaftskritik verfolgt und deswegen zu diesem Laubhüttenfest nicht nach Jerusalem gehen. Und er bleibt in Galiläa.

Und jetzt kommt das, was wir Jesus vielleicht nicht zutrauen würden. Kaum sind seine leiblichen Brüder nach Jerusalem gereist, reist Jesus ihnen heimlich nach, geht im Verborgenen auch nach Jerusalem! Na, hallo! Erst sagt er ihnen, sie könnten nach Jerusalem gehen, er bliebe hier, kaum sind sie weg, geht er ihnen nach. Alter Trickser! Das ist ja nicht gerade die feine Art. Man könnte auch sagen, Jesus schwindelt.

Dies scheint so gar nicht zu passen zu unserem idealen Bild eines klaren Jesus, der ‚ja' sagt und ‚ja' meint. Und hinter unserer selbstgebastelten Fassade eines souveränen Retters lugt ein Mensch mit allerlei Unsicherheiten hervor. Jesus ist unsicher. Und das mag sich auf eine ganze Reihe von Punkten beziehen: unsicher, ob er den Erwartungen der Jünger, der einfachen Leute entsprechen kann, entsprechen will. Unsicher, ob der Weg zur Veränderung über eine religiöse Revolution führen mag und ob jetzt der Zeitpunkt dafür ist, und ob er der Mann dafür ist? Unsicher, ob er dort leiden wird, weil der jüdische Machtapparat ihn verhaften und foltern wird. Unsicher, ob das nicht alles ein großes Missverständnis ist. Ob die Menschen ihn missverstehen, ob er seinen Gott missverstanden hat. Kurzfristiger Jubel in Aussicht, auch Begeisterung *(vor ein paar Tagen las ich eine Einladung auf Facebook, wo zu einem ‚großartigen Gottesdienst' eingeladen wurde – ‚...making Gottesdienst great again'. Eine Ode an den Zeitgeist und die Erlebnisgesellschaft)*, aber wirkliche Veränderung der Menschen, wie würde die gelingen?

Ich finde es angemessen, Jesus nicht als eine göttliche Marionette, einen himmlischen Hampelmann zu denken, der alles wusste, alles plante und alles konnte. Dabei hilft mir dieser Text. Jesus ist unsicher, überlegt, wägt ab. Und den begeisterten Jüngern und Brüdern *(im Griechischen steht hier nur ‚adelphoi autou' - Sie kennen das von Philadelphia, dem Käse und der Stadt – man darf hier davon ausgehen, dass seine leiblichen Brüder gemeint waren.)* erteilt er eine Absage: Geht ihr nur hin und feiert. Jesus ist nicht nach feiern zumute. Und er denkt, dass der richtige Zeitpunkt *(kairos)* noch nicht da ist. Zeitpunkt wozu? Dass alles kulminiert? Dass es an seiner Selbstoffenbarung explodiert. Für Begeisterung der Massen ist immer Kairos. Party und Revolution gehen immer. Aber was ist sein Auftrag? Also geht ihr man! Johannes scheint zu spüren, dass hier unterschiedliche Rollenerwartungen vorliegen. Und so unterfüttert er die oberflächliche Begeisterung der Brüder mit einem resignierten *‚Denn auch seine Brüder glaubten nicht an ihn.'*

Und kaum sind die Brüder unterwegs, geht er heimlich auch nach Jerusalem. Man könnte auch sagen, er lügt seine Brüder an. Das darf man natürlich eigentlich weder schreiben noch denken, dass Jesus seine Brüder anlügt. Der Gottessohn lügt nicht. Aber es ist natürlich schon grenzwertig und weit weg vom klaren *„ja, ja, nein, nein"*, das wir an ihm sonst so bewundern. Mit dem Unglauben der Brüder quasi erzwungen. Eine Notlüge. Oder vielleicht hat er auch seine Meinung geändert. Kann ja vorkommen. Da sagt man im einen Moment „ja" und im nächsten will man es dann doch anders machen. Geht den Menschen wie den Leuten. Ging ja vielleicht auch Jesus nicht anders.

Wenn wir solch einen Text lesen, könnten wir versucht sein, ihn schnell ein wenig zu „bügeln", es irgendwie zu übergehen oder wegzuerklären. Das ist unser gutes Recht. Allerdings… trifft uns dann die Keule der Religionskritik umso härter. Schon Feuerbach warf den Gläubigen vor, ersehnte eigene Vollkommenheit auf die Götter zu projizieren. Jesus, der Unfehlbare, der Klare, der Gute.

Wie mag es Jesus wohl ergangen sein, dort in Jerusalem? Der Fortgang der nächsten Kapitel zeigt uns einen Jesus, der punktuell immer wieder im Tempel auftrat, ganz pointiert predigte und sich dabei zu seinem Auftrag bekannte, sich dann vermutlich aber zurückzog und bis zum Tempelweihfest im Dezember in der Nähe des Tempels – ja soll man sagen „unentschlossen herumlungerte"? Und das wäre ihm ja nicht zu verdenken. Vermutlich war Jesus hin- und hergerissen zwischen der Sehnsucht einerseits mit seinen Predigten einer Umkehrbewegung im Volk auszulösen und der Skepsis, ob sich Menschen für diese Umkehr wirklich öffnen würden.

Und so bleibt es ein Regentag, an dem Jesus im Tempel an eine Säule gelehnt steht und in den Tag träumt. Kairos. Wozu? Wohin?

# Eine Lanze für den Hokuspokus

# Bileam II – eine Lanze für den Hokuspokus

In der Bibel wird ja gelegentlich von Magiern und Zauberern berichtet, meistens nicht gerade positiv. Die drei Magier aus dem Morgenland, die anlässlich von Jesu Geburt aus dem Irak eintrudeln, sind da eher die Ausnahme. Das mag auch daran liegen, dass die Techniken der Götterbeschwörung, die die Schamanen anderer Völker hier und dort in die Welt Israels einschleppten, als Bedrohung für den Glauben des Volkes Israel angesehen wurden. So erklären sich diverse Aussprüche, dass Zauberei Gott ein Gräuel sei. In diesen Zusammenhang gehört auch die Figur des Bileam, eines Zauberers, dem es nicht gelingen wollte, Israel zu verfluchen, und der es stattdessen segnete, von dem ich mir aber hier nur den Namen borge, da die Figur meiner kleinen Geschichte aus dem neunten Kapitel des Markusevangeliums leider namentlich nicht erwähnt wird. Deshalb also Bileam II, obwohl die Geschichte viele Jahrhunderte später spielt.

Da sind zwei Jünger Jesu unterwegs. Brennenden Herzens, ganz bei der Sache. Jesus hat sie ausgesandt, seine Botschaft zu verkündigen, Kranke zu heilen und Dämonen auszutreiben. Und es klappt. Und die beiden sind hellauf begeistert. Und nun kommen sie in ein Dorf irgendwo im hintersten Galiläa. Und als sie sich vorstellen und erklären, was sie wollen, sagen die Leute: vielen Dank, ist schon alles erledigt. Und als die Jünger, vielleicht waren's ja Philippus und Judas (auch als Thaddäus bekannt), der Bruder oder Sohn des Jakobus (also nicht der Judas Iskarioth, der sowieso nicht, schwer vorstellbar, dass der überhaupt irgendwas Sinnvolles machte, doch dazu später mehr), als also Philippus und Judas nachfragen, bekommen sie zu hören: „Na, euer Kumpel Bileam II ist doch schon hier im Dorf gewesen. Ja, wir hatten auch zwei Besessene, aber Bileam II hat die Dämonen im Namen Jesu vertrieben. Deswegen könnt ihr gerne noch mehr von diesem Jesus erzählen, aber wir glauben ja schon an ihn, alles Roger." Das wird die beiden Jünger umgehauen haben. Denn von Bileam II haben die beiden während der ganzen Wanderschaft mit Jesus noch nie etwas gehört. ER WAR NICHT IHR KUMPEL. Nun, diesen Sachverhalt wollen Philippus und Judas gerne aufklären. Und so erfahren sie, dass Bileam II inzwischen im übernächsten Dorf ist und dort Dämonen im Namen Jesu austreibt.

Es ist wie mit einer Medizin oder der Formel für ein Waschmittel. Da hat man etwas, was funktioniert, hat sich das mit viel Mühe erarbeitet, Zeit und Nachfolge investiert und nun kommt irgendein Kurpfuscher oder Scharlatan daher, bastelt ein Generikum zusammen und veranstaltet da auf eigene Rechnung einen Hokuspokus ohne kirchlich-offizielle Approbation. Da muss man doch eingreifen! Schließlich muss man auch an mögliche Spätfolgen denken. Was ist denn, wenn die Dämonen zurückkommen, evtl. im

Doppelpack (Solche Vorstellung existierten tatsächlich)?

Und auch theologisch ist das Handeln Bileam II höchst bedenklich. Keine Kommission hat ihn autorisiert, kein Gremium seine Lehre untersucht. Wenn das so okay wäre, könnte ja jeder einfach kommen und im Namen Jesu irgendwelche Dämonen vertreiben. Durch dieses Vorgehen - wohlgemerkt erfolgreiche Vorgehen! – diskreditiert Bileam II die ganze Lehre Jesu. War es nicht so, dass Jesus immer die Herzenshaltung betonte? Dass er Glauben forderte, Gottvertrauen? Dass er blinde Rituale wie das übertriebene Sabbat-Einhalten verurteilte? Eigentlich gefiel auch mir das an Jesus ganz gut, dass er sich eben nicht mit formal richtiger Religion aufhielt, sondern die innere Anteilnahme des Menschen so schätzte. Und nun passiert ihm genau das, dass jemand seinen Namen nimmt und gleich einem Weihwasser-Fläschchen aus Lourdes, einen Hokuspokus im Namen Jesu veranstaltet, von dem keiner weiß, was wirklich dahintersteckt. Kein Wunder, dass Philippus und Judas eingreifen.

Offensichtlich reisen die beiden diesem Bileam II möglichst schnell nach und treffen ihn dann tatsächlich im übernächsten Dorf, wo er öffentlichkeitswirksam auftritt und im Namen Jesu Dämonen austreibt. Und es könnte sich wohl folgender Dialog entsponnen haben:

*Judas: „He, Moment mal, was machst du denn hier? Ich fass es nicht, Du kannst doch nicht einfach im Namen Jesu hier handeln. Du kennst ihn doch gar nicht, kennst seine Lehre nicht, Mann, du hast doch gar keinen Plan von dem, was du da tust und wer Jesus ist!"*

*Bileam II: „Yep."*

*Philippus: „Jetzt werd bloß nicht noch frech!"*

*Judas: „Im Ernst, das geht doch nicht. Jesus ist jemand ganz besonderes. Und wir als seine Jüngerschar, wir wandern mit ihm mit, kennen ihn, wir haben eine gewisse Corporate Identity."*

*Philippus: „Eben, und das ist so was wie… ein geschützter Markenname. Das kann man nicht so einfach nachmachen!"*

*Bileam II: „Aber es wirkt doch!"*

*Philippus: „Schlimm genug."*

*Judas: „Sieh mal, wir wissen doch gar nicht, was du hier verkündigst, nachher erzählst du Dinge von Jesus, die überhaupt nicht stimmen, haarsträubenden Unsinn. Wer soll das denn kontrollieren? Und außerdem, vielleicht sind die Taten, die du hier im Namen Jesu vollbringst, überhaupt nicht von Dauer?"*

*Philippus: „Absolut verantwortungslos ist das!"*

*Bileam II: „Aber den Geheilten geht's doch gut. Und sooo viel verkündige ich ja auch nicht. Ich sage nur, dass Jesus der Retter, der Messias ist und dass die Herrschaft Gottes ganz nahe ist und dass sie an ihn glauben sollen."*

*Judas: „Ja, das ist ja grundsätzlich auch richtig, aber es gibt ja noch so viel mehr, was man den Leuten erklären muss."*

*Bileam II: „Ich weiß aber nicht viel mehr von Jesus. Und ich finde, das reicht ja auch erst mal."*

*Judas: „Das reicht absolut nicht. Wenn es dir wirklich ernst ist, dann solltest du jetzt gleich mit uns mitkommen und direkt zu Jesus gehen, damit er dich noch mal richtig einnordet."*

*Bileam II: „Und die Menschen? Was wird aus den Menschen? Wäre es nicht sinnvoller, wenn ich noch ein bisschen hier in der Gegend bleibe und Leuten helfe? Ich meine, ist doch nix dabei. Schadet doch nix, hilft ihnen nur."*

*Judas: „Und weiter? Wie lange wird das gut gehen. Und dein Helfen, lässt du dir das bezahlen? Vermutlich nimmst du die armen Leute hier aus wie Weihnachtsgänse." (Ist ein Anachronismus, ich weiß!)*

*Bileam II: „Nö, ich krieg hier nur Kost und Logis, sonst nix. Ich weiß ja nicht, wie es bei euch läuft..."*

*Philippus: „Sieh mal. Du weißt nicht viel von Jesus. Eigentlich weißt du nur das, was die meisten eben so vom Hörensagen gehört haben. Und deswegen ist dein Handeln einfach unverantwortlich. Und du willst auch nicht mitkommen und ordentlicher Nachfolger*

*werden. Okay. Deine Entscheidung. Deswegen unter-
sagen wir dir das hiermit ganz offiziell. Wir verbieten
dir, weiter im Namen Jesu Dämonen auszutreiben und
öffentlich aufzutreten."*

Der biblische Text berichtet hier nichts weiter, was
ich außerordentlich charmant finde. Man weiß nicht,
ob sich Bileam II an das Verbot der Jünger hielt. Das
Verbot allerdings ist überliefert. Es scheint die Jünger
so beschäftigt zu haben, dass sie, als sie von ihrer
Reise zurückkommen und Jesus am verabredeten Ort
treffen, gleich von diesem Erlebnis erzählen müssen.

Und Jesus reagiert völlig unbürokratisch. Als Philippus ihm erzählt, dass sie Bileam II die Exorzismen
und Heilungen ganz offiziell verboten haben, antwortet Jesus nur, dass das gar nicht angesagt war. Er teilt
offensichtlich nicht die Meinung der Jünger, die den
unkontrollierten Hokuspokus sofort unterbinden wollen. Jesus antwortet, dass das Verbot falsch war. Und
mit einer Art, die fast etwas gleichgültig anmutet,
schiebt er nach, dass jemand, der in seinem Namen
Wunder tut, wenigstens nicht schlecht von ihm redet.

Ja, hallo! Ist ihm denn die ganze theologische The-
matik nicht bewusst? Als ginge es ihm nur darum,
dass er keine negative Publicity bekommt. An anderen
Stellen scheint es Jesus doch auch egal, dass man ihm
vorwirft, ein Säufer und Fresser zu sein, der mit Huren
und Zöllnern tafelt. Ist das ihm plötzlich so wichtig?

Ich glaube nicht. Meiner Meinung nach geht es
eben nicht darum, was er sagt, sondern was er nicht

sagt. Er sagt eben nichts zu theologischen Spitzfindigkeiten oder dem geordneten Miteinander im Jüngerkreis. Kirchenrecht und hierarchische Struktur scheinen ihn überhaupt nicht zu interessieren. Zu all den
Fragen sagt er eben – nichts. Und wenn wir ihm vor-
halten, dass man doch alles strukturieren, diskutieren
und konzipieren muss, setzt er noch einen drauf: Wer
nicht gegen uns ist, ist für uns. Und keinem, der den
Frommen einen Becher Wasser reicht, wird das un-
vergolten bleiben.

Damit verwischt Jesus hier ganz bewusst die
Trennlinie zwischen dem Jüngerkreis und den Menschen, die irgendwo ganz am Rande dieser Geschichte
stehen, die das nur halb und undeutlich mitkriegen,
die sich ihren eigenen Reim drauf machen und dann
nach bestem Wissen und Gewissen versuchen, das
Gute daran umzusetzen. Herrlich unkonventionell,
aber okay. „Die sind dann auch für uns! Sind ja nicht
gegen uns." Im Sinne organisationssoziologischer
Klarheit könnte diese Aussage schlicht katastrophal
wirken. Gehört denn jetzt jeder irgendwie zur Kirche
dazu? Was macht denn noch Gemeinde und Kirche
aus, wenn da auch Leute irgendwie dafür sein können
ohne fest dazu zu gehören? Darum allerdings geht es
auch Jesus nicht. Er ist halt nur weniger aufgeregt, weniger ängstlich, geht ganz bewusst das Risiko ein, dass
da irgendwer nicht ganz korrekt und theologisch sauber arbeitet, aber so lange es Menschen hilft… redet
er wenigstens nicht schlechtes über Jesus. Punkt.

# *Johannes und Judas Iskarioth*

Die hier genannten Figuren sind natürlich viel zu komplex und verschieden, um erstens ausreichend und zweitens auch noch zusammen besprochen zu werden. Ich tu's aber trotzdem und will dabei nur ein Schlaglicht auf das Verhalten der beiden beim letzten Abendmahl werfen. Also…

Wie heißt doch gleich die alte Jahrmarktsattraktion? Hau den Judas! Eigentlich zwar den Lukas, aber mit Judas wäre das Ganze noch um einiges zackiger und ehrlicher. Denn den sollte man doch wirklich hauen, oder? Schon allein deswegen ist es praktisch, im Kindergottesdienst nur ein Krippenspiel aufzuführen, denn führte man auch ein Passionsspiel auf, müsste auch ein Kind die Rolle des Judas übernehmen, die Rolle des Deppen. Und das ist keiner Kinderseele zuzumuten.

Biblische Autoren machen's vor. Keine Gestalt der Bibel kommt so schlecht weg wie Judas. Er ist der Übeltäter schlechthin. Nicht nur, dass er Jesus an die Juden auslieferte, seinen Herrn und Meister verriet, er nahm auch noch Geld dafür. Und Johannes, Jesu kuscheliger Lieblingsjünger berichtet uns, was wir schon ahnten: Judas war ein Dieb. Er verwaltete die Jüngerkollektenkasse und nahm sich bei Bedarf heraus, was er brauchte. Die Salbung in Betanien kommentierte Judas unromantisch "Man hätte das Salböl auch für 300 Silbergroschen verkaufen können." Dieser Lump! Dieser Judas war ein richtiger Judas. Hau drauf! Verschiedene Todesarten werden ihm zugeschrieben. Die Silberlinge waren schon 300 Jahre früher aus dem Gebrauch gekommen. Egal.

Wer es genau besieht, wird den Verdacht nicht los, dass der Judas unter Wert geschlagen wird. Er hat keine Lobby. Über ihn weiß keiner etwas Gutes zu berichten. Doch diese Negativzeichnung geschieht ganz bewusst. Sie macht Sinn und läuft auf eines hinaus: Wir wollen uns bloß nicht mit dem Judas identifizieren. Judas ist der Verräter, der Geizhals, der Dieb, der Jude (das dachten die Menschen jedenfalls über weite Strecken. Jude - Judas - wie das schon klingt. Geldgierig sowieso.) Ihr Ziel wird deutlich: Judas möglichst weit weg zu schieben.

Doch wozu? Vielleicht wird er lieber etwas schwärzer gemalt, damit er Typen wie Johannes und Petrus - der im Übrigen Jesus ebenfalls verraten hat - nicht zu ähnlich ist. Eigentlich gehörte Judas ja dazu, war ihnen so vertraut. Er war mit ihnen übers Land gezogen, war von Jesus ausgesandt, Kranke zu heilen, Evangelium zu predigen. Wer lief mit Judas zusammen und sind denen auch Heilungen gelungen? Er gehörte zum engeren Jüngerkreis. Und Jesus hatte weder bei der Jüngerauswahl geschlafen noch ist er die ganze Zeit mit einem miesepetrigen Judas herumgelaufen, den er später funktional brauchen würde. Immer dieser Nachsatz: Judas Iskarioth, "der ihn nachher verriet." Judas war ein eifriger Organisator und Jesus war ihm nahe - kussnahe. Gewöhnlich reichte ein Blick, ein Satz und Judas und Jesus wussten Bescheid. Mancher hätte im Nachhinein gewünscht: Oh, wäre Judas bei der im sechsten Kapitel des Johannesevangeliums berichteten Entscheidungssituation, als viele Jesu Gefolgschaft verließen, doch auch mit fortgegangen! Aber nein. Er stand zu Jesus, gehörte zur Gemeinschaft dazu. Beim letzten Passa lehnte sich Johannes an die Brust Jesu und fragte ihn: "Herr, wer ist der Verräter?" Komisch nur, dass er und Petrus nichts unternahmen, als Judas rausging. An Petrus' oder Johannes' Stelle wäre ich hinter Judas her gegangen und hätte ihn zur Rede gestellt. Aber in der gleichen Tranigkeit, in der sie später im Garten einschlafen werden, kuschelt Johannes lieber an Jesu Brust, statt sich den Verräter mal unter vier Augen vorzuknöpfen.

Die Jüngergesellschaft war also nicht so polarisiert, dass allen sofort klar war: Judas ist der große Gegenspieler. Wenn's einer tut, dann Judas. Nein! Für die Jünger war der Verrat durch Judas zunächst ebenso wenig denkbar wie durch sie selbst. Weil Judas den Jüngern doch eigentlich vertraut war, erschreckte sie sein Verhalten auch so. Es war unerklärlich, machte ihnen Angst. Vielleicht auch deshalb diese Formulierung für das Unerklärbare: der Satan ergriff Besitz von ihm. So verrät die Schilderung des Judas bei Johannes mehr über Johannes als über Judas. Bloß nicht mit dem Judas identifizieren! Aber gerade das wäre so ehrlich. Es auszusprechen: Bruder Judas.

Wenn jemand, der uns recht vertraut ist, plötzlich einen Weg geht, den wir nicht verstehen, der vielleicht auch offensichtlich schlecht ist, dann verletzt uns das sehr. Dieser Mensch, er war uns doch so vertraut. Und nun steigt er aus, aus Ehe und Familie, aus Gemeinde, aus dem Beruf, aus dem Engagement. "Haben wir da etwas nicht mitbekommen?" fragten sich die Jünger. "Er war uns doch so nahe!" Manchmal reagieren wir dann ähnlich wie Johannes: Wir zeichnen das Bild dieses Verräters dann lieber etwas schwärzer. In die Kasse hat er auch gegriffen. Doch die Geschichte von Judas macht mich nachdenklich - und skeptisch gegenüber meiner eigenen Bereitschaft da und dort den Buhmann zu sehen. Ich will einhalten, will den Judas nicht so weit wegschieben, sondern auf eigene Anteile des Verrats sehen. Bruder Judas.

Mich bringt diese Schilderung des Judas ins Fragen, ob und wo auch ich Menschen negativ zeichne, ja, bisweilen als Selbstschutz zeichnen musste: Der aus dem Dienst ausgeschiedene Kollege, dessen Weg ich gar nicht verstehe; der frühere Gemeindeleiter, der sich so komisch benommen hatte; die Frau, die aus der Familie mit vier Kindern ausgestiegen ist; dieses junge Ehepaar, das unsere Gemeinde verlassen hat. Vielleicht wäre mir auch eine Formulierung am liebsten, die es einfach macht. Doch letztlich bleibt's dabei: ich verstehe die Wege nicht. Der Liederdichter Bruce Cockburn schreibt: *„Well, if God stays silent, then what can you do, except listen to the silence."* Die Stille und die Schmerzen auszuhalten scheint mir

da besser als - wie der Johannes - den Verräter nach-
träglich zu diffamieren. Klingt das arrogant? Na denn,
geneigte Leser - hau'n Sie drauf!

## *Jesus am Kreuz – vom Lassen*

Schreien. Und Stille. Und zwischen den wahnsinnigen Schmerzen einzelne Gedankenfetzen. Es ist schwierig, angemessen von solchem Leiden zu schreiben. Ich habe keine Folter erlebt und selbst während meiner schlimmen Krebserkrankung habe ich bisher nie starke Schmerzen gehabt. Auch Filme über Jesu Leiden und Sterben wie „Die Passion Christi" von Mel Gibson sind für mich problematisch. Sie zeigen Bilder von Qual und Folter, bei denen keine UN einschreitet. Es gibt kein Happy End und keine ausgleichende Gerechtigkeit. Deswegen mag ich solche Visualisierungen eigentlich gar nicht. Ich weiß, es ist grausam, doch keiner greift ein. Und ich kann auch nicht eingreifen. Damals nicht und heute vielfach auch nicht. Und solche Bilder führen mir meine Ohnmacht vor Augen und erfüllen mich mit Scham. Reden wir lieber nicht drüber. Auch wenn ich keinem Leser dieser Berichte Voyeurismus unterstelle, ich finde es einfach schwierig, solche Berichte „einfach nur zur Kenntnis zu nehmen". Ohne Reaktion. Doch was will ich tun? Im Jahr 2018 aufstehen und schreien. Wenn ich also nicht in die schreckliche emotionale Dimension der Geschichte einzusteigen vermag, muss ich mich mit dem Wissen ganz hinten in meinem Kopf begnügen, dass es eben so war. Ich werde es niemals (hoffentlich) nachempfinden können. Und doch ist diese nur schwer beschreibbare Situation der Hintergrund von sieben Worten Jesu am Kreuz.

Sieben Worte, alle für sich mit einer existentiellen Aussage, die sich für mich mit dem Begriff des „Lassen" verknüpfen. Fast scheint es widersprüchlich, dieses Lassen als aktives Tun zu denken. Passivität ist doch eben nicht Aktivität. Aber vielleicht ist das Lassen eben keine Passivität, sondern die Kehrseite der Aktionen des Lebens, die unsere Tage so füllen. Wir tun so vieles, wollen vieles, und manchmal ist es noch zu wenig. Lothar Zenetti schrieb mal: „Heutzutage will keiner mehr Unternehmer sein. Dabei müssten wir so vieles dringend unternehmen." Recht hat er. Ich will auch das Lassen nicht gegen die Aktion ausspielen. Beides hat seine Zeit, wie schon der Dichter im biblischen Buch Prediger Salomo erkannte. Jesu Tage waren voll von Handlung und Tun. Aber immer wieder tat er eben nichts, handelte nicht. Er suchte die Einsamkeit, Leere, Stille. Er verschwand, als die Massen ihn suchten und weiteres Tun forderten. Er schlief im Sturm ein und spielte mit dem Finger im Sand, als die Schriftgelehrten eine Ehebrecherin vor ihm verklagten. Jesus tat nichts. Manchmal. Und er kam auch mal zu spät, wie bei Lazarus. Hat es zugelassen, dass Lazarus starb.

Ich habe lange Zeit nicht gewusst, wie ich hier weiterschreiben soll. Erst jetzt, wo ich den Eindruck habe, dass mein Körper vielleicht keine weiteren Chemotherapien mehr verträgt, als ich den Eindruck hatte, mich vielleicht dem Fortschreiten der Krebserkrankung überlassen zu müssen, finde ich Worte. Suche.

Für mich sind auch die überlieferten Worte am Kreuz Ausdruck des Lassens. Jesus tut nicht mehr. Er lässt, überlässt, erlässt, verlässt und wird verlassen. Keine Handlung mehr. An Jesus wird gehandelt und er lässt es mit sich machen. Sehen wir hin:

*„Vater, vergib ihnen, denn sie wissen nicht, was sie tun."*

Wir alle wachsen mit einem Konzept von Gerechtigkeit auf, wenn wir denn irgendwie brauchbar sozialisiert werden. Irgendwie sollte einer schon das kriegen, was er oder sie verdient. Und mancher kriegt nicht das, was er verdient (Verzeihen Sie meine nicht-gegenderte Sprache, aber ich finde so was einfach nervig). Von dem Konzept des Verdienens wendet sich Jesus hier ab. Er bittet um Erlassen der Schuld, die er hier ganz in biblischer Tradition (Baum der Erkenntnis) mit der Einsicht in die Bedeutung des Tuns verknüpft. Man kann das durchaus kritisch sehen. Auch wenn wir nicht wissen, was wir tun, werden wir schuldig und sind verantwortlich dafür. Führte Jesu Ausspruch nicht zu einer letztlich leichtfertigen Rechtfertigung unserer Umweltsünden? Ach, vergib uns, denn wir wissen nicht, was wir tun. Wissen wir schon, aber würden es lieber ignorieren. Und all die Folterer in der Welt. Die wissen doch auch, was sie tun. Dieser Satz kann doch kaum für die Wärter in Auschwitz gelten!

Wie kann Jesus hier um Erlassen der Schuld bitten? Es klingt, als würde man drei Stunden später einen der Folterknechte ansprechen und ihn fragen, was er da soeben getan hätte und er würde nur prollmäßig antworten „Hää? Keine Ahnung!" Doch, doch, die wussten, was sie taten. Und wir wissen es auch. Was soll also dieser Satz?

Ich sehe ihn als einen verzweifelten Versuch, das immerwährende Geflecht aus Schuld hinter sich zu lassen. Es geht nicht um eine theologische oder moralische Rechtfertigung, sondern Jesus redet nicht nur zu seinem himmlischen Vater, als vielmehr zu sich selbst. Sein eigenes Lassen ist ein Versuch durch Nicht-Festhalten den Kreislauf der Schuld und der Vorwürfe zu durchbrechen. Eigentlich müsste ja Jesus den Folterern vergeben, denn sie tun es ja ihm an. Aber Jesus projiziert diesen Schuldenerlass auf seinen himmlischen Vater. Vielleicht weil es leichter ist als es auszusprechen: ich vergebe dir. Im Moment der Folter erscheint das übermenschlich. Aber mit Hilfe der Übertragung der Anklage auf den himmlischen Vater, der dann vergeben soll, überlässt Jesus das Richten einer anderen Instanz, unterlässt es, selbst Gerechtigkeit einzufordern und verlässt den unseligen Kreislauf der Anklage. Ist er deswegen „schwächer", weil er nicht selbst die Vergebung zuspricht? Ich denke, es ist realistisch und Jesus zutiefst menschlich, indem er die Chance ergreift, die Vergebung an eine höhere Instanz als nur seine Großmut zu knüpfen.

*„Eli, eli, lema sabachtani! Das heißt: Mein Gott, mein Gott, warum hast du mich verlassen?"*

Es klingt fast wie ein Bekenntnis zur Gottverlassenheit. Mit diesem Satz streicht Jesus alle frommen Floskeln der immerwährenden Zuwendung Gottes durch. Nein, Gott ist nicht immer da. Er verlässt. Theologische Spitzfindigkeiten, inwieweit der Vater alle Bande zum Sohn hat kappen lassen, interessieren nicht. Jesus wird verlassen. Und in dem Satz klingt Resignation. Es ist die Resignation eines Kämpfers, der verloren hat, der besiegt ist. Der nicht nur einsehen muss, dass alle Hoffnung auf ein irdisches Reich Gottes vergebens ist, aber das hatte er ja längst geahnt. Er hatte es auch selbst gesagt, dass wenn sein Reich von dieser Welt wäre, seine Jünger mit Gewalt gekämpft hätten. Aber bislang wähnte er sich in all dem trotzdem von seinem himmlischen Vater getragen und begleitet. Damit ist jetzt Schluss. Der Vater im Himmel hat ihn losgelassen, fallengelassen, verlassen. Und in der Frage schwingt Entsetzen mit. Wie kann Gott, mit dem er in so inniger Verbindung war, ihn so verlassen? Dass Petrus ihn verleugnet, dass die Volksmassen weggehen, damit konnte er leben, nicht aber mit der Gottverlassenheit. Aber es gibt sie. Auch für den frömmsten Frommen. Es gibt sie. Verdammt.

*„Vater, in deine Hände empfehle ich meinen Geist" Jesus schrie mit lauter Stimme und gab den Geist auf.*

Kontrollverlust. Mir fällt es am allerschwersten, die Kontrolle über mein Leben aufzugeben. Zu gern gehe ich noch arbeiten, erhalte die Gehaltszahlung auf mein Konto, will so gerne morgens aufstehen, zur Arbeit fahren, sitze in meinem Büro und mache die Vertretungspläne Berufskolleg. Wenn Kollegen sich krankmelden und unsicher sind, antworte ich: „Kriegen wir schon hin!" Alles im Griff. So lebe ich gerne. Und manchmal borge ich auch von der Zukunft. Habe mir ein neues gebrauchtes Auto gekauft, weil ich zukünftig wieder arbeiten wollte. Und ich war auch stolz darauf, während meiner Krankheit meine Persönlichkeit weitgehend erhalten zu haben. (Glaube ich jedenfalls). Ich versuche alles um die Kontrolle zu behalten. Bloß nicht loslassen.

Und hier lässt dieser Jesus, den ich in so vielen Situationen als cool, kontrolliert wahrnehme, hier lässt er los. Und ich habe nur eine dumpfe Ahnung, aber sie wächst in mir, dass auch für mich der Zeitpunkt, ach was, viele Zeitpunkte kommen, wo ich loslassen muss. Loslassen werde. In der letzten Woche habe ich überlegt, wie lange ich noch arbeiten gehen kann, will, sollte. Da fängt es an.

Und irgendwann muss ich nicht nur die Kontrolle über alltägliches Leben aufgeben, sondern auch die Kontrolle über meinen Geist. Ich werde ihn dem Vater im Himmel anbefehlen müssen. Ich darf. Weil ich weiß, dass ich eben irgendwann mehr keine Kontrolle haben werde. Vielleicht unter Schmerzmitteln. Ich weiß es nicht.

*„Wahrlich, ich sage dir: heute noch wirst du mit mir im Paradies sein."*

Mit Schülern diskutiere ich oft die Theodizee-Frage. Und manche gerade mit islamischem aber auch mit christlichem Hintergrund sprechen davon, dass doch nach dem Tod alles paradiesisch schön sein wird. Ich werde dann immer etwas leise und sage ihnen, dass die Aussicht auf ein Paradies mir den Schmerz, vielleicht bald sterben zu müssen, meine Frau auf diesem bekloppten Planeten alleine zu lassen und niemals Enkelkinder zu sehen (Was müssen die Kinder auch alle studieren!!!?), kaum lindern kann. Es tut trotzdem weh. Und doch will ich mich durch dieses Wort Jesu treffen lassen.

Vielleicht gilt es mir und allen modernen Menschen, die – positivistisch erzogen – nur an das Messbare, Nachweisbare „glauben" wollen. Vielleicht lässt Jesus hier das Messbare, Vernünftige hinter sich, verlässt den sicheren Boden der Wissenschaft und vertraut sich und den Schächer am Kreuz einem Traum an, einer Utopie, nicht sichtbar.

Vermutlich wird die eigene Position in Diskussionsrunden dadurch nicht gerade gestärkt und – zugegeben – es könnte leicht nach Weltflucht klingen, aber vielleicht ist es angemessen, sich in existenziellen Situationen eben nicht auf das Zählbare, Beweisbare zu verlassen, sondern Träume und Utopien zu kultivieren, sich Visionen und Unberechenbares zusprechen zu lassen. Ich stelle mir vor, welchen Trost Jesus dem Schächer neben sich hätte spenden können mit den Worten: „Guter Mann, halte die Schmerzen noch etwas aus, bald versinkst du in Bewusstlosigkeit und was danach kommt, weiß kein Mensch." Wieviel tröstlicher ist der Gedanke des Paradieses und der Verbundenheit („... *mit mir...*")! Deswegen finde ich es angemessen, dass Jesus hier die positivistische Weltsicht hinter sich lässt. Und wer dann sagt, dass man das doch nicht wissen könne, dem entgegne ich: Eben!

### „Mich dürstet"

Ihn dürstet. Jesus hat Durst. Jesus ist Körper. Und Jesus unterlässt es, die Körperlichkeit klein zu reden. Nein, er hat einen Körper, hat Bedürfnisse. Und hier hat er Durst. Damit unterlässt er es auch, sich zu einem erhabenen Geistwesen hochstilisieren zu lassen. Es ist nicht nur die äußere Hülle einer geistigen Existenz. Jesus ist ganz und gar Mensch und er leidet Durst. Alle Versuche, diese Körperlichkeit zu banalisieren enden hier, wo Jesus Durst und Schmerzen hat. Es ist eben nicht nur Jesu Körper, sondern Jesus selbst, den es dürstet.

Hier zeigt sich der Anstoß, den das Christentum bietet, ganz klar. Es bietet den ohnmächtigen Gott auf.

Den Gott, der Schmerzen hat, der mit sich umspringen lässt und den es dürstet. Eine klarere Absage an den Allmachtsgedanken kann es kaum geben. Natürlich schließt sich hier der Kreis, der mit der Versuchungsgeschichte Jesu geöffnet wurde. Der ohnmächtige Gott, was soll das? Wie soll das gehen? Jesus exerziert die Ohnmacht Gottes durch bis zum Letzten.

*„Sohn, dies ist deine Mutter, Mutter, dies ist dein Sohn."*

Der Mensch ist und bleibt ein soziales Wesen. Und jede Mutter muss es schmerzen, wenn ihr Kind leidet und stirbt. Jeden Vater natürlich auch. Und jeder Freund, der treu zu einem Freund steht, zerbricht, wenn der geliebte Mensch vergeht. In dem Leid lässt Jesus die Leidenden beieinander und weist sie einander zu. Schlimmer als das Leid ist das Leid in Einsamkeit.

Und Jesus lässt den Menschen dieses Miteinander im Mitleiden und erweitert es sogar. Die üblichen Familienbindungen sind zerbrochen, aber im Mitleiden eröffnet sich eine neue Nähe, neue Freundschaft, Zugehörigkeit. Alte Bindungen, alte Nähe lässt er zurück und weist den Weg, das Leid miteinander zu tragen.

Aus meiner Erfahrung in der Zeit der Krankheit kann ich das nur bestätigen. Als ein Ehepaar mit einem schwer krebskranken Mann sind wir nicht mehr die Lustigen, sind manchmal nicht mehr gesellschaftskompatibel. Und weil eben die üblichen Floskeln und Rituale nicht mehr passen („Schönen Urlaub!" „Was machen die Kinder?" „Na, denn genießt die Zeit") verfallen auch Freunde in Sprachlosigkeit und melden sich dann nicht mehr. „Ich wusste einfach nicht, was ich sagen sollte." Als bräuchten die Kranken einen Ratschlag oder eine Erklärung. Braucht keiner. Wird auch nicht erwartet. Aber es wäre einfach schön, wenn Menschen im Schweigen an der Seite des Kranken, des Trauernden blieben. Und hier hilft Jesu Wort mit einer klaren Zuordnung. Wo sich Johannes und Maria vielleicht ganz alleine empfinden, weist er sie einander zu. Er sendet sie in ein Miteinander.

*„Es ist vollbracht."*

Man könnte allein von dem Satz her kaum darauf kommen, dass er Ausdruck eines Lassens ist. Er scheint ja gerade das Gegenteil auszudrücken: Ich habe es geschafft, es ist getan. Er scheint das Fazit einer Aktivität. Das griechische Verb, mit dem Jesu Ausspruch übersetzt wird, meint jedoch zuerst, dass etwas zum Ziel gekommen ist. Und wenn Jesus am Kreuz hängt, mit ausgebreiteten Armen, nichts mehr tun kann, alles erdulden muss, Passion und Passivität, ruft er, er sei am Ziel. Das Ziel ist erreicht.

Fast scheint es so, als wolle er sagen: Alle Aktivität, alles irdische Tun mündet ins Lassen. Wer die Passion als Höhepunkt Jesu Wirkens ausmacht, kommt nicht umhin, diesen eben nicht als gottgewirktes Handeln, sondern als gottverlassenes Loslassen zu identifizieren. Was bedeutet das? Es relativiert manches selbstsichere evangelikale Reden vom „Handeln Gottes". Gott lässt los. Gott lässt zu. Gott lässt.

So bleibt am Ende der Worte Jesu nur das Lassen.

# Petrus und der Ungeist in der Pfingstgeschichte

Die meisten Verkündiger biblischer Texte scheinen sich einig darin, dass die Reaktion Jerusalemer Juden auf die Pfingstpredigt des Petrus eine geistgewirkte Umkehr ist. Als Petrus ihnen klarmacht, dass der Retter Jesus der ist, für dessen Tötung sie sich eingesetzt hatten, ging es ihnen „wie ein Stich durchs Herz" und sie fragten: „ihr Männer, liebe Brüder, was sollen wir tun?"

Diese Frage wird gemeinhin als Zeichen der Betroffenheit und Umkehr gedeutet. Aber das ist so eine Sache. Meine Frau hat es neulich erlebt, dass sie einer Frau in dem Chor sagen musste, dass sie ihr die ganze Übstunde laut und schief ins Ohr getrötet habe. Die Reaktion der Frau: Ja, was soll ich denn machen? Und als meine Frau ihr sagte, das wisse sie auch nicht, sie würde bloß beim nächsten Mal nicht mehr neben ihr sitzen können, hakte sie nach, ob sie denn nicht mehr kommen solle. „Was sollen wir tun?" Diese Frage könnte auch Ausdruck regressiver Dummheit sein.

Wie schrecklich! Da werden erwachsene Menschen mit Fehlern konfrontiert und verfallen plötzlich in ganz regressive Muster: „Ihr Männer, liebe Brüder…" Ganz im Sinne von: Bitte nicht schimpfen, Mutti! Da werden aus den Männern, denen ich eben

noch so misstrauisch gegenüberstand plötzlich „Männer, liebe Brüder". Vermutlich, damit sie nicht noch
mehr unangenehme Wahrheiten auspacken. Oder
mich gar auffordern, mein Handeln selber zu überden-
ken. Es ist ein bekannter und oft auch angebrachter
Vorwurf, dass Menschen von Gott oder den Oberen
der Gemeinde Handlungsanweisungen erbitten. Was
sollen wir denn tun? Dass wir Menschen das manchmal nicht wissen, ist klar. Doch man darf durchaus
nachdenken. Glaube kann kein Ersatz für Nachdenken
und tätige Nächstenliebe sein. Sonst ist es kein
Glaube, sondern Selbstbetrug.

Am Anfang der ersten christlichen Gemeinde in Jerusalem wird uns eine Geschichte von einem Ehepaar,
Hananias und Saphira, überliefert, über das ich früher
härter geurteilt habe. Dieses Ehepaar gehört offensichtlich zur Gemeinde, ist sich aber unsicher, inwieweit sie den radikal kommunistischen Kurs der Ge-
meinde-in-Endzeitwartung mittragen will. Also legen
sie von einem Grundstücksverkauf etwas zur Seite
und bringen den restlichen Erlös zur Gemeindever-
sammlung mit.

Und hier kommt der Knackpunkt. Hananias packt
das Geld auf den Tisch mit den Worten „Hier, das ist
der Erlös des Verkaufs. Dieses Geld will ich in die
Gemeinschaftskasse mit einbringen." Und Petrus
wirft ihm vor, vom Satan erfüllt zu sein und den heiligen Geist und Gott belogen zu haben. Daraufhin fällt
der arme Hananias tot um. Kommt die gute Ehefrau
herein, die von dem Verkauf und dem abgezweigten

Geld weiß. Petrus fragt auch sie, ob das der gesamte Verkaufserlös war. Und als sie bejaht, fällt auch sie tot um. Klare Sache, oder?

Früher habe ich die Geschichte als eine Metapher für die Unmöglichkeit des geteilten Herzens gedeutet. Als würde es einen umbringen. Von einer Deutung, die hier die „Heiligkeit Gottes" betonte, war ich immer weit weg. Solch eine Deutung habe ich nur im Wachturm der Zeugen Jehovas gelesen, und manchmal lese ich das mit Schülern und wir gruseln uns gemeinsam. Aber irgendwann bekam ich doch mehr Mitleid mit dem armen Ehepaar. Und ich blickte voller Zweifel auf diesen… Petrus.

Petrus, der im Selbstbetrug erfahrene, bittet nicht um Gnade für sie. Das wäre groß gewesen. Eine Verlängerung des Abraham, der um Gnade für die Gerechten von Sodom bittet. Ein Petrus, der weiß, wie es ist, den Mund zu voll genommen zu haben, der um Gnade bittet für die Selbstbetrüger. Aber nichts da. Er kommentiert nur lakonisch den Untergang.

Für mich ist hier Petrus die tragische Figur. Ein Heuchler, der selbst doch wissen müsste, wie es ist, sich nicht ganz hingeben zu können, zu wollen. In seinem Herzen auch Zweifel zu haben, auch nach Sicherheit zu suchen. Hatte er doch in der Nacht vor der Kreuzigung behauptet, Jesus nicht zu kennen. Einerseits wollte er den Weg mit Jesus mitgehen, schlich hinterher, andererseits hatte er Angst und Skrupel, dann ganz mit drin zu hängen.

Hananias und Saphira ging es nicht anders. Einerseits angezogen von der Dynamik und Begeisterung der neuen Bewegung, andererseits noch leise Zweifel. Berechtigte Zweifel übrigens, denn dass der frühe Kirchenkommunismus scheiterte, ergibt sich aus der Tatsache, dass Paulus später eine Kollekte für die Jerusalemer Gemeinde einsammelte. Die waren pleite. Mit Geld umgehen konnten sie wahrscheinlich nicht so gut. Erst recht nicht im Horizont des ja bald wiederkehrenden Jesus. Da braucht man keine Altersvorsorge. Oder doch? Vielleicht hatten sich Hananias und Saphira einen Rest Verstand bewahrt und waren nicht auf den Endzeit-Train-to-Glory aufgesprungen. Und wollten das nicht sagen, weil sie die Stimmung nicht platzen lassen wollten. Wie käme das denn, wenn sie sagen würden: *„Klar, wir haben auch unser Häusle verkauft, geben aber nur 50% in den gemeinsamen Topf, weil ihr das eh nicht hinkriegt, das sauber zu verwalten. Petrus, du bist Fischer. Von Buchhaltung und Finanzplanung keinen Schimmer. „Klar, wir tun alles in den großen Topf und dann reicht es." Wie bei der Speisung der 5000. Und bleibt noch was übrig. Aber so läuft das im Finanzwesen nicht. Und deswegen gibt es hier nur die Hälfte."* Das hätten sie nicht sagen können. Also lieber: Okay, das ist alles. Und der verantwortungsvolle Familienvater, kluger Schwabe, hat noch ein Säckel in der Hinterhand. Falls es schief geht.

Und Petrus, dieser Depp, kennt keine Barmherzigkeit. Weder mit denen, die den finanziellen Durchblick haben, es aber nicht herausposaunen. Noch mit denen, die nur halbherzig mitkönnen bei der ganzen Chose. In Gemeinden und Kirchen gibt es ja den Trend, immer das ganze Engagement, das ganze Herz, das ungeteilte und uneingeschränkte ‚Ja' zum Glauben zu fordern. Schon die alten Propheten warfen dem Volk Israel vor: Wie lange wollt ihr auf beiden Seiten hinken? Entscheidet euch endlich, an wen ihr glaubt! Ist ja auch was dran. Und irgendwie war es schon skurril, wenn die Menschen damals diesen unsichtbaren Jahwe verehrten und dann – zur Sicherheit – auch noch eine kleine Baalsstatue hatten. Gibt es allerdings heute auch noch in manchen Ecken der Erde. Aber darum geht es ja gar nicht. Es geht nur darum, dass hier Menschen waren, die Skrupel hatten, die Angst hatten, da alles zu investieren. Vielleicht hatten sie auch die Broschüre der Berliner Senatsverwaltung gelesen, in der in einer Checkliste für Sekten und Sondergruppen Vorsicht geboten wird: Führerfigur? Gemeinsames Eigentum aller? Erwartung unbedingten Gehorsams? Schon wenn ein Punkt davon erfüllt ist… Achtung! Und dann waren sie halt vorsichtig. Und Bämm!

Petrus sagt: Das war's. Gott ist heilig und wer da noch Zweifel hat, etwas zurückbehält und das auch noch verheimlicht... Hättest es ja nicht verkaufen müssen! Aber wenn, dann richtig. Oh, Petrus! Hättest du dich man an die Nacht im Wachhof erinnert! An das Feuer und deine Ausreden. Hast du vielleicht

nicht verarbeitet? Und jetzt kommt es raus, wie du
dich eigentlich selbst bestrafen wolltest. Eigentlich
findest du es mies von dir, dass du nicht konsequent
warst, damals. Und jetzt lässt du es an dem Ehepaar
aus?

Auf so einen Petrus beruft sich die katholische Kirche. Auf einen selbstgerechten blinden Blindenführer.
Wenigstens versucht der aktuelle Nachfolger hier eine
andere Richtung und ist langsam in seinem Urteil.
Aber Petrus als Herr und Grundstein der Kirche mag
schon verwundern. Obwohl – eigentlich passt es ganz
gut. Eine Kirche mit menschlichen Schwächen, ein
Grundstein, der so blind und selbstgerecht ist. Darauf
ist freilich nicht nur die katholische Kirche abonniert.
Selbstgerechtigkeit gibt es in vielen Kirchen. Und in
Parteien, Vereinen, und, und, und... Links wie rechts.
Also eine sehr menschelnde Kirche. Nur sollte dann
das Outfit ein entsprechendes sein.

# Eine Lanze für den Hokuspokus

## *Ein namenloser Kapitän*

*Mein Name tut nichts zur Sache, sie werden mich sowieso nicht kennen. Und vermutlich auch nicht kennenlernen wollen. Aber wer Sie sind, ist mir ebenso egal wie der Grund, warum Sie hier in meiner Stammkneipe am Hafen von Iraklion auftauchen. Ich erzähle Ihnen einfach, was ich zu erzählen habe. Ich war Kapitän auf einem phönizischen Getreidefrachter. Sie kennen ja diese großen Pötte, von denen man annimmt, sie seien unsinkbar. Das war mein Schiff, die Kalos. Ach, die Kalos war ein gutes Schiff. Es war eine Corbita, knapp 60 m lang, schön dickbauchig; da passte 'ne Menge Getreide rein. Wir kamen von Alexandria. Haben sie ja bestimmt schon von gehört, von dieser großartigen Stadt in Ägypten. Und die Ägypter, tja, das sind fleißige Leute, überall im Nildelta Getreidefelder. Sie legen Dämme und Kanäle an und bewässern so ihre Felder optimal. Das ist moderne Landwirtschaft. Und nicht so ein Chaos wie in Italien. Da baut doch jeder Bauer in der Campagna an, was er will. Und dann kommen Dürren oder Überschwemmungen. Kein Wunder, dass die in Rom ständig Lebensmittelknappheit haben. Aber das römische Reich ist ja groß und so holen sie halt das Getreide aus Ägypten ran.*

*Tja, und wir Phönizier, wir bewegen was. Meist mit Holz und Erzen und oft auch noch römischen Passagieren ging es dann zurück nach Ägypten. Das war mein Job. Und ich habe einige Dienstjahre Erfahrung, das können sie mir glauben. Oft habe ich mein Schiff durch Stürme getrieben, hatte eine gute Mannschaft zusammengesammelt, verwegene Kerle aus aller Herren Länder, die ich teilweise als Sklaven gekauft und dann ausgebildet habe. Die Offiziere waren natürlich keine Sklaven, sie erhielten eine ordentliche Heuer, ich meine, sie wissen ja, wie das ist, der größten Batzen bleibt eh bei der Reederei. Und die machen dann auch Druck, möglichst viele Fahrten, möglichst schnell. Aber ich will es gar nicht auf andere schieben, was mein Versagen war.*

*Sie werden sich bestimmt schon gewundert haben, wie es kommt, dass ich jetzt nicht auf meinem Schiff bin. Nun - mein Schiff gibt's nicht mehr. Kleinholz auf dem Meeresboden. Und meine Reederei hat mich an die Luft gesetzt. Ich habe fertig. Wie es dazu gekommen ist? Das will ich ihnen erzählen. Es war vor ungefähr einem Jahr, so gegen Anfang September, und wir hatten - wie gesagt - gerade eine Ladung Getreide aus Ägypten an Bord. Auch die kleinen römischen Garnisonen sollten etwas Getreide abbekommen und außerdem mussten wir frisches Trinkwasser aufnehmen. So kamen wir nach Demre. Das liegt an der Südküste der Türkei, unweit vom Badeort Antalya. Dort mussten wir noch eine römische Familie absetzen. Dort am Hafen sprach mich ein römischer Hauptmann an, Julius hieß er. Junge, das war ein schnittiger Offizier, einer von der kaiserlichen Abteilung, der hatte eine Zenturie Soldaten mit 50 Mann und einige*

*Gefangene bei sich und wollte unbedingt nach Rom. Na, eigentlich sind wir nicht für so viele Passagiere ausgerichtet, aber er bot eine sehr gute Bezahlung an und - sehen Sie - wo doch die Reederei das meiste eh für sich behält, war mir ein Nebenverdienst ganz recht. Also haben wir sie an Bord genommen, Julius und die anderen beiden Offiziere erhielten die guten Quartiere, die Soldaten und die wohl politischen Gefangenen schliefen bei uns und auch oben auf dem Deck.*

*Nun hatten wir aber großes Pech. Ein starker Nordwestwind blies uns entgegen, wir kamen mit Mühe bis zum Hafen Knidos und konnten dann erst gen Südwesten auf Kreta zu halten. Ich wollte ja eigentlich über Athen segeln. Wissen, Sie, ich kannte da in Piräus so eine kleine, temperamentvolle, ..., aber, ach, das tut nichts zur Sache. Also, wir wollten schnurstracks nach Westen, aber es blies wieder dieser kräftige Nordwester. Wir hatten schon über eine Woche verloren. Mit einiger Mühe erreichten wir Kreta, segelten am Kap Sideros vorbei und wollten auf der Südseite Kretas bis nach Kaloi Limenes, um dort Trinkwasser aufzunehmen. Aber das ging wieder nur ganz langsam, da der Westwind uns entgegenblies und wir kaum vorankamen. Ich hatte inzwischen meine Pläne geändert und wollte notgedrungen im Hafen von Phönix auf Kreta überwintern. Sehen Sie, dort gibt es ein phönizisches Viertel und ich kenne auch da... ach.*

*Kaum hatten wir in Kaloi Limenes also Trinkwasser aufgenommen und machten uns bereit zur Abfahrt, da stand doch tatsächlich einer der römischen Gefangenen auf, ein Jude namens Paulus. Und mit einer Freundlichkeit, die mich schon angesichts des Inhaltes seiner Worte sehr verwirrte, sagte er: „Ihr Männer, wenn wir weitersegeln, sehe ich große Gefahren und Schwierigkeiten, und zwar nicht nur für das Schiff und seine Ladung, sondern auch für unser Leben."*

*Ich hielt das für völlig übertrieben. „Nein, nein," sagte ich dem Hauptmann Julius, „wir können auf gar keinen Fall hier in Kaloi Limenes bleiben. Der Hafen ist völlig ungeeignet zum Überwintern, die Quartiere sind lausig und die Strömung im Frühjahr macht es doppelt schwer, dann nach Westen voranzukommen. Wir sollten lieber nach Phönix weitersegeln. Dort hat der Hafen Ausgänge nach Südwest und nach Nordwest. Man kommt im Frühjahr prima weiter." - Okay, ich wußte, daß es mittlerweile Ende September, Anfang Oktober war, da ist die See oft rauh, aber mein Steuermann Crispus wies auf den günstigen Südwind hin, der uns bestimmt ruckzuck nach Phönix tragen würde und damit hätten wir insgesamt mindestens eine Woche, wenn nicht zwei gespart. Und sie kennen ja den Druck der Reederei.*

*Es gelang mir also, auch den Hauptmann Julius zu überzeugen und wir segelten aus Kaloi Limenes ab, nahe bei der Küste, gerade auf die Westspitze von Kreta zu. Wie konnte ich auch ahnen, was passieren würde. Und dieser Paulus, der hatte bestimmt keine*

*Ahnung vom Meer und von der Seefahrt. Okay, er kam gebürtig aus Tarsus, aber trotzdem konnte ich mir nicht vorstellen, dass er das Meer recht kennt. Ich sollte mich irren.*

*Kaum waren wir zwei Tage unterwegs, da brach ein Sturmwind los, so etwas haben Sie noch nicht erlebt. Man nennt ihn den wilden Nordoster; er peitschte trocken von den Bergen Kretas herab und blies uns aufs offene Meer. Wir konnten das Schiff nicht mehr lenken und ließen uns einfach treiben, mit Mühe banden wir das Beiboot fest, sonst wäre es futsch gewesen. Der Sturm war so wild, wir fürchteten schon, bis nach Nordafrika getrieben zu werden, Richtung Karthago, na, das wär' ja was gewesen, wenn denen unser Schiff und das Getreide in die Hände gefallen wäre. Wir also - die Treibanker rausgeworfen. Half nichts, der Sturm wurde schlimmer; wir warfen Tische über Bord, Fässer, Kommoden, die Ausrüstung der Soldaten, alles, ja ein Teil der Ladung sogar. Aber der Himmel verfinsterte sich immer mehr. Zum Essen waren wir schon lange nicht mehr gekommen. Und wissen Sie was?*

*Da stand wieder dieser Paulus auf. Und ich habe schon gedacht, jetzt kommt ein großes Lamento: „Ich hab's euch ja gleich gesagt, hättet ihr man auf mich gehört". Und... das kam auch. Aber nur einen Satz. Und dann sagte er etwas völlig unerwartetes: „Doch nun ermahne ich euch: seid unverzagt; denn keiner von euch wird umkommen, nur das Schiff. Denn diese*

*Nacht trat zu mir der Engel des Gottes, dem ich ge-
höre und dem ich diene, und sprach: Fürchte dich
nicht, Paulus, du musst vor den Kaiser gestellt werden; und siehe, Gott hat dir geschenkt alle, die mit dir
fahren. Darum, liebe Männer, seid unverzagt; denn
ich glaube Gott, es wird so geschehen, wie mir gesagt
ist. Wir werden aber auf eine Insel auflaufen."*

*Tja. Erst hatte er uns gesagt, wir würden Schiff-
bruch erleiden und nun weissagte er uns die Rettung.
Ich war immer noch skeptisch. Mittlerweile wurden
wir seit zwei Wochen fast ohne einen Bissen durch das
Mittelmeer getrieben. Eines Tages hatten wir es im
Gefühl, dass hier irgendwo Land sein müsste und lo-
teten die Tiefe aus. Zuerst noch 20 Faden, dann 15
Faden. Den Steuermann und die Mannschaft überkam
die Angst, sie fürchteten, wir könnten auf den Klippen
zerschellen und wollten sich im Beiboot davon machen. Dazu rannten sie nach vorne und riefen: Wir
müssen auch vorne den Anker setzen. Doch dieser
Paulus schien es bemerkt zu haben und rief durch den
Wind und die Nacht zu dem Hauptmann und zu den
Soldaten: „Wenn diese nicht auf dem Schiff bleiben,
könnt ihr nicht gerettet werden." Da sind einige Soldaten nach vorne gerannt und haben mit Schwertern
das Beiboot gekappt, ehe die Mannschaft einsteigen
konnte, es trieb schnell fort.*

*Als dann der Morgen dämmerte, rief Paulus allen
zu, zu essen und erneuerte die Verheißung, dass wir
alle gerettet würden. Und dann nahm er Brot, und vor
unser aller Augen blickte er zum Himmel auf und*

dankte Gott. Und in dem Moment waren wir plötzlich alle ganz still. Der Sturm pfiff weiter, aber dieser gefangene Paulus, der das Brot brach und Gott dankte, das war ein Bild einer anderen Wirklichkeit. Da ahnten wir, dass es doch einen Gott gibt und dass der stärker ist als alle Stürme.

Ja, und dann haben wir auch gegessen. Fastenzeit hin oder her, wir haben gefuttert, was rein ging, wer weiß, wann es die nächste Mahlzeit geben würde. Und dann haben wir den Rest des Getreides einfach ins Meer geworfen. Wir mussten das Schiff erleichtern, um nicht auf die ersten Klippen gleich aufzulaufen und von den Wellen zerrissen zu werden. Im ersten Licht sahen wir dann eine unbekannte Bucht. Wir kappten die Ankertaue, setzten die Segel - oder was davon übrig war. Und hielten auf das Ufer zu. Nicht weit vom Strand liefen wir auf eine Sandbank. Das Vorderschiff bohrte sich in den Sand, während das Heck von den Wellen auseinandergebrochen wurde. Völliges Kleinholz. Da ging sie dahin, meine gute Kalos. Ich bekam mit, wie die Soldaten die Gefangenen umbringen wollten, aber Hauptmann Julius, der wohl diesen Paulus unbedingt am Leben erhalten wollte, unterband das sofort. Die schwimmen konnten, durften zuerst an Land schwimmen, der Rest hielt sich irgendwie an umherschwimmenden Planken fest und so kamen wir alle an Land. Alle. Keiner ist ertrunken. Junge, junge, das war kaum zu glauben, aber wir waren auf Malta.

*Tja, das war ein Schiffbruch! Ich habe ja schon einiges erlebt, aber so was noch nicht. Fast scheint mir, als mussten wir Schiffbruch erleiden. So oder ähnlich hat das dieser Paulus formuliert: Ich sehe Schwierigkeiten. Ich sehe Gefahren für Ladung und Leben. Können Sie Sich das vorstellen, dass man Schiffbruch erleiden muss, dass Sie Schiffbruch erleiden werden. Stellen Sie Sich mal vor, jemand sagt das zu Ihnen. Und das obwohl Sie ja eigentlich der Experte oder die Expertin sind, was ihr Leben, was ihre Gesundheit und ihren Beruf, ihre Ehe oder ihre Kindererziehung betrifft. Jemand sagt ihnen: ich sehe Schwierigkeiten voraus. Vielleicht sagt er das wie dieser Paulus. Wenn Sie so weiterfahren in ihrem Lebensboot, werden Sie Schiffbruch erleiden. Da oder dort.*

*Vielleicht muss es so sein, dass man trotzdem weiterfährt, wie ich einfach weitergefahren bin. Einfach weiterfährt trotz Gottes warnender Stimme: Ich sehe Schwierigkeiten und Gefahren voraus. Direkt nach dem Schiffbruch habe ich immer versucht, andere Schuldige zu finden, habe es auf den beruflichen Stress, den Druck der Reederei geschoben. Aber das ist Quatsch. Ich musste scheitern. Wem geben Sie die Schuld? Der Gesellschaft, dem Chef, der Ehefrau, immer den anderen. Ich habe es ihnen eben nicht ganz exakt erzählt. Ich wollte auch mit der Mannschaft weg, als wir da alle zum Beiboot gerannt sind. Sind Sie auch schon mal aus Ihrem Scheitern so weggelaufen? Das kann einem ganz schön peinlich sein. Ich fühlte, als würde ich in einem Meer von Scham ertrinken müssen.*

*Aber vielleicht haben Sie ja auch das andere erlebt? Vielleicht haben Sie auch diese Zusage von Gott gehört, dass - selbst wenn die Wellen über Ihnen zusammenschlagen - Sie bewahrt werden. Das ist klasse, da haben Sie dann echt allen Grund zum Danken. Und dieser Paulus, der dankte mitten im Sturm und mitten im Schiffbruch für dieses Lebensbrot, das er da brach. Könnten Sie das auch, mitten im Schiffbruch, mitten im Scheitern für das Lebensbrot danken und von dieser Zusage leben, dass sie nicht sterben und verderben werden?*

Soweit dieser namenlose Kapitän, von dem in der Apostelgeschichte des Lukas berichtet wird. Ich traf ihn in einer Hafenkneipe auf Kreta. Seine etwas frömmelnde und heroisierende Art ging mir auf den Keks, aber irgendwie war er … authentisch, wie man heute sagt. Das Leben ist nicht fair und es gehen nicht alle Geschichten gut aus. Derzeit ist das Mittelmeer voller Leichen und es finden gerade andere Geschichten statt.

Und was bleibt von diesem namenlosen Kapitän? Vielleicht die Erfahrung, das eigene Scheitern auszuhalten, aushalten zu müssen. Kein leichter Weg. Vermutlich gibt es rund um die biblischen Geschichten Menschen wie ihn. Menschen, die irgendwie mit dabei waren, die sich im Nachhinein wundern und fra-

gen, was sie von all dem halten sollen. Und deren Erfahrungen dann nicht in eine Frömmigkeit münden.
Oder doch? Ich weiß nicht, was aus ihm geworden ist.
Vielleicht ist hat er eine Kirche für Seeleute gegründet. Oder sich einer der kleinen aufstrebenden Gemeinden angeschlossen. Oder er ist in der Hafenkneipe geblieben oder zu seiner..., ach, ich weiß es
nicht.

## Ein namenloser Kapitän

# Anmerkungen zum Weiterdenken und für Gruppenlektüre

Mein Freund Wolfgang sagte zur Frage nach der Zielgruppe für dieses Buch, dass es vermutlich Gesprächskreise innerhalb von Kirchengemeinden sein könnten, die dann kapitelweise dieses Buch „bearbeiten" würden. Vielleicht wäre das eine Möglichkeit, dachte ich mir. Doch dann wären vielleicht noch Anregungen zum Gespräch hilfreich. Also gut. Schreibe ich zu jedem Kapitel noch ein paar Fragen und Impulse. Über diese Fragen kann man nachdenken, muss man aber nicht. Und wer Spaß daran hat, die Geschichten nur so zu lesen, tut das halt. Natürlich kann man auch selbst und ganz alleine über die Fragen nachdenken. Sie sind halt auf dem Hintergrund solcher Gesprächskreise formuliert.

Dabei kann für frömmere Menschen als mich leicht eine doppelte Frage aufkommen. Nämlich die, wie man sich eine so unerhörte Freiheit nehmen kann, biblische Texte so zu bürsten und zweitens die, wo das denn in Gesprächskreisen hinführen mag. Vielleicht wittert auch mancher die Gefahr, dass hier völlig respektlos alles relativiert werden soll. „Ja, wo landen wir denn dann?"

Darauf eine doppelte Antwort. Der erste ist ein glaubendes Bekenntnis zum Sein in unserer Zeit als von Gott gesehene Menschen. Gott weiß, dass wir im

21. Jahrhundert leben. Die Aufklärung liegt hinter uns. Dahinter können wir nicht mehr zurück. Und gerade der Christ, der glaubt, dass „Gott ihn persönlich anspricht", muss, wenn er es ernst meint, Gott glauben, dass er ihn in seinem Jahrhundert anspricht. Es kann keine gekünstelte Naivität geben, in der wir uns in die Zeit der Bibel hineinversetzen. Dort leben wir nicht mehr. Und Menschen und Gemeinden, die das versuchen, leben oft eine sonderbare Schizophrenie. Agieren souverän mit moderner Technik, gehen aber mit biblischen Texten völlig infantil um, fragen nicht nach, denken nicht nach. Solch ein Umgang - das finde ich zumindest – beleidigt einen kreativen, kritischen, verständnisvollen Gott. Deswegen kann man nur entweder rückwärtsgewandt sich in ein voraufklärerisches Bibelverständnis verkriechen und alles so glauben, hinnehmen, fraglos akzeptieren und sich selber dumm und unwissend stellen, oder man klappt halt das Visier hoch, lässt sich treffen, stellt in Frage und hofft, dass am Ende etwas übrig bleibt, das dann tatsächlich subjektiv zu „Gottes Reden in mein Leben" wird.

Womit wir bei der zweiten Frage wären: Wo führt das hin und wie lässt sich vermeiden, dass ein Gesprächsabend über einen Text im Chaos endet? Also im Ernst… eine Garantie dafür gibt es nicht. Und auch nicht dafür, dass mancher Text Sie, werte Leser, nicht ratlos zurücklässt. Ich bin auch nicht sicher, ob die Vorstellung eines Christen, der sich mit zunehmendem Bibelstudium seines Gottes und seines Glaubens immer sicherer wird, realistisch ist. Verstehen Sie mich richtig, ich will ja keinen vom Glauben abbringen, aber könnte ein Christenleben nicht auch so aussehen, dass ein Mensch im Laufe seines Lebens immer mehr Fragen an Gott stellt, auch kritische Anfragen, dass er mit den Antworten immer weniger zufrieden ist, dass er zweifelt und verzweifelt und am Ende in ganz vielen Fragen trotzdem geborgen ist? Meistens. Ich frag ja nur.

Die Tatsache, dass ich ratlos bin, dass sich mein Glaube verändert, dass ich zweifle, manches nicht verstehe, diese Tatsache allein muss kein Indikator für schwindenden Glauben sein. Es könnte sich auch umgekehrt verhalten. Ich kann natürlich von „christlicher Literatur", von Predigten erwarten, dass sie mich in meinem Glauben bestärken, aber was bringt das? Ich glaub ja eh schon, was ich nun mal glaube. Und die Frage, was gut für mich ist, was mich „weiterbringt", lässt sich sicherlich nicht mit einem Blick auf die Gefühlslage beantworten. Ist halt angenehm für die Ohren, kratzt nicht und juckt nicht. Tja, und?

Irgendwelche allgemeinen Verhaltensmaßregeln zum Gespräch in Gesprächskreisen, Hauskreisen, etc… erspare ich Ihnen. Ich gehe davon aus, dass Sie erwachsene Menschen sind (für Kinder ist weder die Bibel noch dieses Buch etwas) und einander respektvoll und hilfreich behandeln (klappt nicht immer, ich weiß) und damit basta. Für jede Geschichte habe ich noch ein paar Fragen als Gesprächsimpuls angehängt. Die kann man nutzen, muss man aber nicht.

## Zu Noah

- *Wie gehen wir mit Menschen in schwierigen Situationen um? Ist uns klar, dass mancher Mitmensch von Erfahrungen traumatisiert ist?*

- *Deuten wir Verhaltensweisen als Reaktionen auf Traumata?*

- *Gibt es eine Form des Gottesdienstes, des Dankens (analog zu Noahs Opfer), die die Trauer und Verzweiflung miteinschließt?*

- *Im letzten Vers direkt vor der Noah Geschichte heißt es, dass es Gott reute, dass er den Menschen gemacht hatte. (Manche versuchen der Klemme zu entkommen, indem sie für diesen Vers eine abgeschwächte Bedeutung annehmen, im Sinne von „über etwas traurig sein", weil Gott ja schließlich kein Mensch ist, der lügt oder etwas bereut (4. Mose 23,19)). Was für Gefühle hat Gott, dessen Ebenbild wir sind?*

- *Gelingt es uns, wenn wir schon verzweifelt sind, wenigstens keinen Mist zu bauen? Wie und wodurch?*

- *Können wir auch diese Ambivalenz leben, dass auch wenn des (Mit-)Menschen Herz böse ist, wir trotzdem den anderen lieben? Illusionslos?*

Zu Brüdern und Ehefrauen – Konkurrenz und Unvermögen

- *Wie sieht Ungleichbehandlung bei uns aus? Haben wir Lieblingskinder?*
- *Erachten wir theologische Streitfragen für wichtiger als gelebte Nächstenliebe? Interessiert das irgendwen außerhalb unserer Gemeinden?*
- *Deuten wir das Reden und Handeln unserer Mitmenschen als ein Ringen um Liebe und Anerkennung? Wo wäre das angebracht?*
- *Vertrösten wir auf einen Ausgleich, der dann doch nicht (hier auf Erden) passiert?*
- *Wie kann eine Erziehung zum Frieden und zur Nächstenliebe konkret aussehen?*

Zu Familie Lot

- *Wie halten wir es mit der Gastfreundschaft? Klar, wir leben nicht mehr im 2. Jahrtausend vor Christus, aber haben wir nicht eine Kultur der Isolation und Selbstgenügsamkeit?*

- *Wie nehmen wir Frauen- und Kinderrechte wahr? Streiten wir für die sexuelle Selbstbestimmung der Frauen*

- *Gibt es kulturelle Absonderlichkeiten von denen man sich nur noch distanzieren kann, so wie Lot aus Sodom fliehen muss? Und wie kann das heutzutage überhaupt gehen? Sollten wir nicht vielmehr „das Salz in der Suppe" sein? Gibt es da Grenzen, wo das nicht mehr funktioniert? Schauen Sie dazu den Dokumentarfilm „Jonestown"!*

- *Gehen wir zurecht vorwurfsvoll mit Menschen um, die an der Vergangenheit hängen?*

- *Wo hängen wir an der Vergangenheit?*

## Zu Simson

- *Wie nehmen wir in unserer Gesellschaft die Zusammenhänge von Sex und Macht wahr?*

- *Wie bewusst sind wir uns unserer eigenen Triebe? (ha, ha, ich weiß, wie komisch diese*

*Frage klingt. Als könnte man sich des Unbewussten bewusst sein. Aber man kann ja mal etwas bohren!)*

- *Inwieweit sprengt dieser Text unsere Vorstellung vom Geist Gottes? Ist das irgendwie noch kompatibel mit den restlichen Texten, bspw. aus dem Neuen Testament? Ist die Einheit der Bibel durch solche Texte nicht arg bedroht? Oder müsste man den biblischen Autoren unterstellen, dass sie das nicht so ganz geblickt haben? Ist mit „Geist Gottes" hier nur die Kraft gemeint, auch wenn diese in eine völlig falsche Richtung losgeht?*

- *Gibt es „überflüssige" Bibeltexte, die unter Umständen Menschen zu ganz schrecklichen Handlungsweisen verleiten (bspw. solche Texte dann als Rechtfertigung für eigene Brutalität zu nehmen)? Man zitierte ja auch früher das Bibelwort „Wer seinen Sohn liebt, der züchtigt ihn" um die eigene brutale Erziehung zu rechtfertigen.*

## Zu Personal Jesus – The Story of Mike

- *Wie individuell kann und muss man seinen eigenen Glauben gestalten? Was heißt das konkret?*
- *Haben wir schon mal erlebt, dass ein „Fluch gebrochen" wurde?*
- *Welchen Zusammenhang sehen wir zwischen Glauben und materiellem Erfolg?*

## Zu Naaman und Gehasi

- *Haben wir noch Vorbilder? Wie transparent sind diese Vorbilder? Was wissen wir über deren „dunkle Seiten"?*
- *Wo sind Gottes heilende Ratschläge uns vielleicht zu „banal"? Hätten wir gern Gemeindewachstumsrezepte und spektakuläre Erkentnisse, statt einfach unseren Nächsten zu lieben, einfach sieben Mal im Jordan unterzutauchen? Man könnte hier auch kritisch die Reisen ins „Heilige Land" oder Pilgerfahrten nach Rom oder Lourdes (oder nach Israel) thematisieren, zumindest fragen, ob Menschen*

*sich hier irgendwelche besonderen religiösen Erfahrungen versprechen.*

- *Wo meinen wir, dass auch für uns noch etwas mehr herausspringen müsste?*
- *Wie bescheiden sind wir?*


Zu Jezebel

- *Wie versöhnt sind wir mit unserem Schicksal? Herkunftsfamilie, Sozialisation, Körper, etc...?*
- *Empfinden wir Rachegefühle gegen die Welt, gegen das Leben? Gerhard Schöne textete in seinem Lied „Die zurückgelassnen Kinder": „Kein Gewissen kann sie bremsen bei der Schlacht ums große Geld, die zurückgelassnen Kinder, die sich rächen an der Welt"*
- *Wie kann ich selbst „Botschafter (auch dieser) Versöhnung sein"?*

Zu D'Haram al Diir:

- *Ist es realistischerweise möglich, sich vor dem Ansturm der armen, hilfesuchenden Massen abzuschotten?*

- *Welche Art von Kulturkampf „clash of civilizations" nehmen wir wahr? Wie kann man sich da „christlich" verhalten?*

- *Wie werden Chronisten in 200 Jahren (wenn der arg gebeutelte Planet so lange durchhält) über unsere Zeit schreiben?*

Zu Jesus als Teenager

- *Kann es wirklich sein, dass Jesus sich entwickelt hat? Glauben wir das? Wie werden Menschen ihm wohl begegnet sein? Haben ihm andere gütige, freundliche Menschen vielleicht wertvolle Impulse gegeben, so dass er zu dem wurde, der er war? Oder war alles in ihm angelegt? (Aus der Sicht der Entwicklungspsychologie die bekannte Anlage-Umwelt-Problematik)*

- *War seine Entwicklung irgendwann abgeschlossen?*

- *Wie gehen wir heute mit Teenagern und Jugendlichen um? Sehen wir in ihnen potentielle Christusse, die unsere Ermutigung und Weisung brauchen um später vielleicht auch solch ein Charakter wie Jesus zu werden? Was, wenn Gott seinen Sohn noch einmal auf die Welt schickte und es einer der uns umgebenden Teenager wäre (explizit weibliche Versionen eingeschlossen!) Würden wir ihn/sie erkennen? Würden wir helfen, dass es/sie so wird, wie geplant? Geplant?*

## Zu Jesus an Regentagen

- *Kann es sein, dass Jesus auch Stimmungsschwankungen hatte? War er so menschlich? (vgl. Paulus im Brief an die Philipper: „...an Gebärden als ein Mensch erfunden...")*
- *Ist unsere Vorstellung eines immer geistgeleiteten, dynamischen Jesus realistisch?*
- *Hat sich Jesus auch mal körperlich verletzt? (Bein gebrochen, mit Hammer auf den Daumen gehauen, seelische Verletzungen, bspw. schwierige Beziehung zum Vater Josef)*

- *Wie gehen wir mit Menschen um, die (aufgrund der Ambivalenz des Lebens) manchmal „ja" sagen und „nein" meinen? Können wir das deuten? Was bedeutet das für unser Miteinander?*

- *Sehen wir unsere eigenen Ambivalenzen? Wie drücken wir sie aus? (Ich habe mir angewöhnt, Leuten die nach meinem Umgang mit meiner Krebserkrankung fragen, diese Ambivalenz zu erzählen, dass ich einerseits dankbar für meinen standhaften Körper bin, für Freunde, Familie und all das Gute, und andererseits und manchmal gleichzeitig verzweifelt und entsetzt darüber, vielleicht nur noch eine recht kurze Zeit zu leben zu haben.)*

## Zu Bileam II – eine Lanze für den Hokuspokus

- *Was sollte Kirche als Institution kontrollieren, was nicht?*

- *Ist praktizierte Nächstenliebe wichtiger als korrekte Theologie?*

- *Meint Jesus das ernst, wenn er sagt, dass wer nicht gegen ihn ist, für ihn ist?*

- *Wie sinnvoll sind Trennlinien zwischen der „christlichen Jüngerschar" und anderen Menschen? Oder wie sinnlos? Wer braucht sie und wozu?*

## Zu Johannes und Judas Iskarioth

- *Kennen wir den Mechanismus, Menschen, die uns an unsere verdrängten Seiten erinnern, zu stigmatisieren und zum Sündenbock zu stempeln? Was würde ich gerne wegdrängen?*
- *Wie ist Jesus wohl im Alltag mit Judas Iskarioth umgegangen? Immer mit leichter Skepsis?*
- *Gibt es eine ewige Verdammnis für diesen Judas? War er schlimmer als Hitler?*

## Zu Jesus am Kreuz – Vom Lassen

- *Welche Gefühle löst drohender Kontrollverlust in mir aus? Was kann ich dem entgegensetzen?*
- *Weiß ich um die Begrenztheit einer positivistischen Weltsicht? Glaube ich an „den Himmel", „das Paradies"? Ist nicht die*

*Marx'sche Kritik, dass das Christentum vertröstet, doch berechtigt?*

- *Wie beeinflusst das Leiden einzelner das Miteinander (zumindest meiner Wahrnehmung nach)?*

Zu Petrus und der Ungeist in der Pfingstgeschichte

- *Kennen wir Situationen, in denen wir oder andere 100%-igen Einsatz verlangen? Ist das realistisch? In welchen Situationen geht das nicht?*
- *Wie gehen wir mit Menschen um, die zögerlich sind? Trauen wir uns selbst zu zögern?*
- *Befürworten wir eine Art des Christentums, die ohne Zögern und Zaudern auskommt?*

Zu der Geschichte vom namenlosen Kapitän gibt es keine Impulse. Sie zieht an uns vorbei, wie ein Lied, ein Traum...

Zeitfracht Medien GmbH
Ferdinand-Jühlke-Straße 7
99095 Erfurt, Deutschland
produktsicherheit@kolibri360.de